大夏书系·师道文丛

大学的良心

高校教师师德案例读本

檀传宝 丛书主编／李 菲 著

华东师范大学出版社

全国百佳图书出版单位

·上海·

图书在版编目（CIP）数据

大学的良心：高校教师师德案例读本／李菲著 . —上海：华东师范大学出版社，2016

（大夏书系·师道文丛）

ISBN 978 - 7 - 5675 - 5602 - 7

Ⅰ.①大 ...　Ⅱ.①李 ...　Ⅲ.①高等学校—师德—案例—研究　Ⅳ.① G645.16

中国版本图书馆 CIP 数据核字（2016）第 197750 号

大夏书系·师道文丛

大学的良心
——高校教师师德案例读本

丛书主编	檀传宝
著　者	李　菲
策划编辑	李永梅
审读编辑	朱　颖
封面设计	奇文云海·设计顾问

出版发行　华东师范大学出版社
社　　址　上海市中山北路 3663 号　邮编　200062
网　　址　www.ecnupress.com.cn
电　　话　021 - 60821666　行政传真　021 - 62572105
客服电话　021 - 62865537
邮购电话　021 - 62869887　地址　上海市中山北路 3663 号华东师范大学校内先锋路口
网　　店　http://hdsdcbs.tmall.com

印 刷 者　北京季蜂印刷有限公司
开　　本　700×1000　16 开
插　　页　1
印　　张　15
字　　数　180 千字
版　　次　2016 年 9 月第一版
印　　次　2022 年 10 月第四次
印　　数　10 101 -12 100
书　　号　ISBN 978 - 7 - 5675 - 5602 - 7/G·9759
定　　价　32.00 元

出 版 人　王　焰

（如发现本版图书有印订质量问题，请寄回本社市场部调换或电话 021-62865537 联系）

丛书总序

"为我们自己的"和"对我们自己的"道德教育

在日常的学校生活中，所谓德育自然是针对学生的实践。很少有人明晰、自觉地认识到，存在也必须存在一种针对我们教师自身的道德教育——教师专业伦理（或者"职业道德"）的修养。教师专业伦理修养、建设的实质，就是为师者"对我们自己的"，也是"为我们自己的"最重要的德育。

一、为何师德修养是"为我们自己的"德育？

"对我们自己的"、"为我们自己的"是一种有趣的相互解释、相互支持的关系。因为"对我们自己"的德育——师德修养首先是为师者"为自己的"最重要的自我教育。最重要的原因包括——

1.师德修养的实质是教师的"为己之学"

之所以要修养师德，是因为教师专业伦理是我们人生与职业生活质量的最主要的保障。做一个幸福的普通人和做一个幸福的教师，都需要我们修养并且恪守教育的专业伦理。

德福一致，被公认为伦理学的公理。这是因为就精神意义上的幸福

（"雅福"）而言，没有人可以不讲道德而获得幸福，就像没有人可以做到"做了亏心事"还真的能"不怕鬼敲门"。就像王阳明曾经说的，即便是脸皮再厚的惯偷，"唤他做贼，他还扭捏"！反之，高品质的人生，坦荡、宁静的幸福生活当然就需要无愧于天地和他人的行为规范。即便是包含功利计较的幸福（"俗福"），从总概率上说，遵守道德也一定是"划得来"的生活智慧。因为如果总体上不是"善有善报，恶有恶报"，就没有人会理会社会生活中的"交通规则"，则社会生活就会遭遇无穷无尽的交通事故而最终无以为继。也正是因为这一点，伦理学家才解释说，恶人反而活得更好之类的错觉缘于人们对那些德福一致反例的震惊，而这一震惊恰恰证明"善有善报，恶有恶报"的原则从根本上说是更为合乎自然、必然的心灵秩序。

如果我们承认德福一致这个公理，则修养道德，尤其是修养师德当然就是"为我们自己的"幸福生活所做的自我努力。

2."对我们自己的"教育也是专业上的自我提升

每一个从教的人，都希望获得"得天下英才而教育之"的幸福人生。从教育专业人的角度，师德更是我们收获教育幸福的根本保证。

幸福是人的目的性自由实现的人生状态。没有"目的性"，或者没有"人的""目的性"，就等于没有健康、正常人生应有的梦想。而没有梦想，当然就不可能有梦想实现的人生及喜悦。许多教师遭遇职业倦怠，或者在教育生活中浑浑噩噩、索然无味地打发光阴，是因为他们没有教育家应有的事业心，或者"教育梦"，或者，其某些所谓的"梦想"其实不过是一些追名逐利的猪槽边上的寻觅——将工具性目标看成是人生终极目的的伪梦想。因此，爱岗敬业或者有教育之梦等等，说到底乃是教师获得教育幸福的第一前提。换言之，不断形成、提升教育事业的动机水平，实现教育人生境界的提升乃是教师自我修养的第一要义。

人的目的性自由实现还需要有专业的本事。专业的本事当然首先包括业务上的本事。教不好数学的数学老师当然很难在数学课教学里获得幸福的喜悦，著名数学家陈景润在做中学数学老师时就曾经备感挫折。同理，在学科专业、教育专业修养上有缺失的任何一个科任老师也很难享受任一科目教育的"怡然之乐"。专业的本事还不仅仅是"业务"，也包括专业道德。比如，一个语文老师爱学生的第一件要紧事就是教好语文。因为倘若不能给孩子们的语文学习以应有的帮助同时又宣称"爱学生"，就显得十分可笑、虚幻。同时，业务不仅是包括，还需要专业道德。比如没有事业心（不爱岗敬业）、没有从事教育的内在热情，成为"好教师"的概率为零；又比如，不遵守专业伦理，师生关系、同事关系等等非常糟糕的老师，即便业务好也会在效益上打折扣，流失本该拥有的更为丰沛的教育幸福。因此，从这一角度看，教养即业务，专业伦理的修养也是我们做教师的应有的"本事"。

总之，师德建设从根本上是教师的"为己之学"。从根本上来说，师德修养是我们做教师的人"为我们自己的"、"对我们自己的"自我教育。

二、如何开展"对我们自己的"自我德育？

如果我们承认教师专业伦理的修养是"为我们自己的"、"对我们自己的"自我教育，那么，如何开展这一"对我们自己的"德育就十分重要。一般说来，师德修养的基本路径有如下两个方面。

1. 教育伦理的专业研习

教育家赫尔巴特将伦理学看成是教育学的两大基础之一（另外一个学

科是心理学），是有道理的。不仅在于伦理学有助于界定教育的目的，也在于伦理学有助于教育效能的提升。但是近代以来，教师的培育、养成，教育伦理的修养所占成分极低。考虑到教育质量低下、教育风气败坏的普遍现实，这一缺憾实在是令人扼腕之至。因此，对于有良知的教育者而言，自觉修养教育伦理实在是当务之急的基本功课。

教育伦理的学习、研究，我们需要考虑三个最主要的领域。首先，教师必须有一般伦理学的学习经历。其实一般人也要学习伦理学。比如学习过亚里士多德关于勇敢的论述的人，当然会更自觉地远离怯懦与莽撞，修养真正的勇敢之德。我们做教师的要做孩子们的人生导师，若我们是伦理学上的"睁眼瞎"，则后果十分可怕。其次，教师要研究伦理在教育应用中的特殊性。法官的公正不等于教师的公正，家长的自然之爱也不同于教师的伦理关怀。不做教育伦理上的明白人，就意味着接受低效、灰暗的教育人生。最后，教师要修养建构教育伦理规范的自觉性。许多教育管理部门喜欢不断自上而下颁布"师德规范"，教师们也往往只是逆来顺受，被动接受这些看起来十分重要的职业规矩。如果我们承认专业伦理的研习是"为己之学"，我们就应该变他律为自律，为自己的教育人生去自我立法。而自我立法的本事当然又需要我们通过不断研习教师伦理学去自觉修炼。

2.教育实践的伦理反思

师德修养的另外一个基本路径是保持对于教育实践的伦理反思态度与习惯。除了对一般伦理原则的恪守，这一反思态度与习惯需要特别针对以下两种教育实践带来的特殊性。

首先是具体教育职业的特殊性。所谓教育职业的特殊性指的是教师的工作场域不同于一般的个人、农民、法官、公务员，教师的日常生活主要是在学校，教学、科研、社会服务是我们最最主要的任务。在日常教学生活中，在教学研究、科学研究中有哪些伦理问题？在不同领域工作的老师在教学伦理实践上会遭遇怎样不同的挑战？在给社会提供教育服务时应当具有哪些道德的敏感性？教师是普通公民，在日常生活中要不要回应"你还是个教师吗"这样的诘问？

其次是具体教育人生的特殊性。所谓教育人生的特殊性是指教师职业伦理发展的时间维度的特殊性。人生的不同阶段有不同的舞台，台台都有不同的风景。比如一个新手、一个成熟的中年教师、一个即将退休的老教育工作者，他们面对的教育生活实际就有很大的差异……因此，教育实践的伦理反思是一种对教育人生的生涯元反思。同理，处于不同学段的老师，比如学前、小学、中学、大学教师面对的教育对象、教育内容等等如此不同，没有结合学段实际的伦理反思怎么可能是真正的实践反思？

一言以蔽之，教育实践的伦理反思的最高旨趣在于学以致用、解决现实问题，即在理论学习的基础上做面向教育实践、服务教育实践、提升教育实践的伦理功夫。

三、"师道文丛"的主要努力

"师道文丛"所收著作，是多年团队努力的结晶。从1998年起，本人一直保持对教师专业伦理的学术兴趣，从《教师伦理学专题——教育伦理范畴研究》（2000），到《走向新师德——师德现状与教师专业道德建设研究》（2009），再到这套丛书，都是本人及我指导的研究生团队（主要是博士生，现在他们大多工作在各大知名院校）筚路蓝缕、努力前行的见证。

这一次，我们的"野心"主要集中在两个领域：一是面向实践的教育伦理分析，二是分学段的教师伦理建构。

之所以要"面向实践的教育伦理分析"，是因为实践中已经积攒了太多的伦理问题，需要我们勇敢去面对。曾经有教育主管部门希望我编一本分析"校长开房"之类"典型师德案例"的教师读本，被我断然拒绝。原因是，真正在专业上"典型"的师德事件往往不是官员们所要面对的突发、偶发的恶性师德新闻（那些反而不是常例），而是教师们正常、日常的教育生活中必须天天面对的伦理课题。比如：教育内容如何选择、教育方法如何斟酌，才合乎专业伦理？新世代的师生关系怎样建构才能公正而有温情？教师的惩戒权如何获得教育性的保障？如何处理家校关系，既形成教育合作又保障教育的尊严？教师的专业形象如何避免神化与魔化的恶性循环？如此等等。我们希望通过对典型案例的分析，与读者一起形成对于教育伦理的系统观察、分析与建构。

"分学段的教师伦理建构"更是我们念兹在兹的希望。遍观国内书市或图书馆有关教师伦理、教师职业道德的著作，对教师真正有益的为数聊聊。其主要原因之一就是大而化之、笼而统之，将不同学段"一锅煮"。而事实上幼儿园教师、中小学教师、大学教师虽然有教育伦理的一致性，但是由于教育生活的巨大差异，他们所要面临的伦理课题也差异甚大。就像幼儿园的小朋友不同于已经成年的大学生，学前到大学各学段教育伦理内容结构、主题、重点、背景均大不相同。不做专门、具体的研究，"对我们自己的"、"为我们自己的"道德教育如何做到有的放矢、因材施教？也许，我们已经完成的分阶段教师伦理研究还是一颗刚刚发芽、不算强大的种子，但是种子既然已经发芽，只要不乏阳光雨露，假以时日，这一领域的中国教育伦理研究的参天大树就可以被我们理性期待。

基于以上宗旨，本套丛书从 2012 年起就开始了整体策划，历经一线调研、集体研讨、顶层设计、研究与写作等阶段。最终我们集体呈现给读者的是 4 本分学段师德案例（分析）读本、4 本分学段教师伦理学研究，以及一本《教师专业伦理基础与实践》，总共 9 本著作。婴啼初试，瑕疵难免，但这套师道文丛"为我们自己的"初心执著而真诚。其突出功能与特色在于，我们希望通过集体的努力为全国同行提供一套系统、专业、可读的"对我们自己的"德育教材与教参。阅读、研讨、交流、建构，我们由衷希望"师道文丛"能够对大家的教师专业伦理研习、提升有所裨益！

檀传宝

2015 年 12 月 31 日，京师园三乐居

目　录
contents

专题五　科学来不得半点虚假

　　——学术道德的信守

专题六　不忘知识分子的社会责任

　　——大学教师的社会服务伦理

专题七　个性心理品质关乎师德吗
——良好个性心理品质的形成

　　大学的良心——
　　高校教师师德案例读本

专题一　让职业充满意义

——高校教师的职业幸福

逃离还是坚守

先看一个案例——

这段时间，张林一直被一件事情困扰、苦恼：当初选择进入大学工作正确吗？还应不应该继续留在高校？这源于前不久博士同学毕业后的一次聚会。2006年张林博士毕业后进入北方一所理工科大学的理学院，成为一名大学物理老师，而他的很多同学都选择进入了企业、公司或研究机构。当时他的想法是，留在高校一来可以继续深入学习他感兴趣的物理专业，二来高校老师的工作比较体面，收入应该也不错。然而，在那次聚会上，张林一下发现自己的生活与那些进入公司的同学相去甚远。他们每月的收入都在万元左右，而自己的工资和津贴全年平均下来每月也就五千元，实际上每个月真正到手的钱还不足四千元。如今很多同学都买了房、买了车，而自己还租住在学校的一室一厅的小套房里，更别提买车了。"寒酸"的收入让张林觉得这与大学教师的地位极不相称，所以当同学询问他的收入时，他感到有些难以启齿。

事实上，在这几年中，张林已经越来越感到大学工作的艰辛和苦闷，经济的烦恼只是其中一方面，教学和科研的烦恼更让他时常对未来感到无望，对自己当初的选择产生疑惑。

张林所在的理学院承担着全校的公共必修课——大学物理的教学任务。

因此，他每周不但要上 12 节的公共课，还要上专业课。数量虽然不多，但是非常耗时耗力，他每周都要花费大量的时间来备课。不仅如此，更让他头疼的是，由于缺少教师，公共课一般都是至少 100 人的大班课。面对黑压压的学生，张林感到很难在课堂上捕捉到学生进入学习状态的信息，缺少教学的兴奋感和成就感，更多的是倦怠感。这让他有时会闪现一个令自己都有些害怕的念头：万一哪一天他厌恶了上课，那该怎么办？

张林博士期间主攻的是凝聚态，他对自己的专业领域充满了好奇，对其发展充满了信心。他原本希望进校后能继续从事自己喜爱的研究，然而进校后，张林却经常被别的老师拉进项目组，有时他还要帮忙指导项目负责人的研究生。虽然这对青年教师是一种锻炼和成长，但也占据了他大量的时间和精力。更棘手的是，他自己独立科研的时间变得非常少。这使他不仅不能做自己喜欢的研究工作，而且面临缺少独立科研成果的窘境。在去年的职称评审中，张林就因为没有独立的研究成果而失败了。如今，高校职称评审标准越来越高，张林深感晋升的巨大压力。

面对这样的状态，在刚开始几年，张林还在不断给自己打气，设想过几年一切都会好起来。但走到今天，对于未来到底会怎样，张林越来越不确信了。

在那次同学聚会上，有同学邀请张林来自己工作的公司共同发展，也有同学邀请他合作创业。现在，张林更加矛盾了：是离开心中引以为傲的大学，还是选择继续留下？

幸福，为何这样艰难

像张林一样，随着高等教育大众化浪潮进入高校的许多青年教师都遭遇了大学工作的诸多烦恼，也有过对大学工作无望、苦闷的感受。这种体验的背后是他们对美好生活的期许，对幸福生活的诉求。幸福，一个人人祈盼的目标，它是人们奋斗的希望。追求幸福是人的生活需要，也是人的一种高级本能。今天，对于张林这样的高校青年教师而言，"幸福"并不像他们想象的那样近在手边。这里纠结着现实与理想的落差，还有不断加重的职业生存压力。

1. 现实与理想的巨大落差

一直以来，大学教师都是一个受人尊敬的职业。随着 1998 年大学扩招的推行，大学教师职业更是受到很多青年的青睐，选择这一职业的人数逐年增加。据教育部统计，截至 2010 年底，我国高校 40 岁以下的青年教师人数已超过 86 万，占全国高校专职教师总数的 63.3%。[①] 越来越多的人选择成为大学教师，其原因无外乎是看到了它的"风光"之处。

---

① 见《高校青年教师面临困境　挣扎在科研和生存压力中》，来源于《人民政协报》，2012 年 12 月 24 日 。

在普通人眼中，大学教师的"风光"主要在于社会地位高、工作体面、收入较高。相比于中小学教师，大学教师学历高、知识水平高，因此被赋予的社会地位较高，受人们尊敬的程度也较高，其工作也被认为是非常体面的。大学教师工作的"体面"还在于工作相对自由：既不需要坐班，也拥有一定的教学自由，在学科范围内可以自主决定教什么、如何教。而且他们也不像用中小学教师那样受制于考试制度，不必纠结于学生的学习成绩。社会地位高，工作体面，人们自然推想大学教师的经济收入也应该是较高的。

然而，青年教师工作之后都逐渐发现现实与理想相差太大。随着高校学生人数的激增，大学教师的教学任务明显增多。而且大学课堂比较注重教学信息的丰富或容量饱满，注重学生专业思维和思想的启迪。为此，教师必须投入大量时间和精力进行思考，充分备课。从事教学工作的同时，教师还必须进行科学研究。大学教师要穿梭于这两种工作之中，身体上不轻松，精神上负担沉重。这种体验和感受隐藏在"体面"、"轻松"之下，是普通人所无法察觉的。

经济收入高恐怕更是人们对高校教师的一个误传，尤其是对于青年教师而言，很多人最初几年的年收入仅在 4 万～5 万元之间。2010～2012 年，北京市社会科学院研究人员通过对 11 所北京市属院校、7 所部属院校的问卷调查和座谈会，分析了北京高校教师的收入状况。结果显示，在北京地区，"教授 2010 年的总收入最低的为 4.95 万元，最高者为 79.7 万元；副教授 2010 年的年收入最低者只有 2.8 万元，最高者为 67.1 万元；讲师最低者只有 2.2 万元，最高者为 57 万元"[1]。人们理解中的高收入教师其实是有所指的，通常指那些经过多年奋斗荣升为教授的人，或者指那些在外面兼职的老

---

[1] 见《高校教授收入差十多倍　部分教师收入不如民工》，来源于《北京晚报》，2012 年 10 月 26 日。

大学的良心——
高校教师师德案例读本

师。一位教授就表示，老师中能挣大钱的毕竟是少数，大学老师中相当一部分只靠学校给的仨瓜俩枣。越是基础课老师，收入越少。甚至有青年教师感慨：读了二十多年书，收入不如初中毕业的农民工。收入少且悬殊带给青年教师的，是实实在在的失落和焦虑。

现实与理想之间总会有差距，差距越大带给人的冲击也就越大。当今的高校青年教师大多经历了美好职业预想的慢慢瓦解，也承受着巨大反差带来的重创。

2.不断加重的职业生存压力

2012年，对外经济贸易大学公共管理学院副教授廉思通过在北京、上海、武汉、西安、广州5个城市，对5138名40岁以下的高校青年教师进行抽样问卷调查、深度访谈、焦点小组讨论，以及参与式观察等方法，完成了《中国高校青年教师调查报告》。报告显示，作为近九成拥有博士学位的高知群体，高校青年教师也是高压人群。72.3%的受访者直言"压力大"，其中36.3%的人认为"压力非常大"，压力的主要来源是科研任务重、教学任务多和经济收入少，其中"科研任务是最大压力源"[①]。

科学研究是大学教师独特的职责之一，它对知识创新、科技进步、人才培养和社会发展都具有重要的推动作用。激励教师从事科研是高校合理的发展举措之一，但是注重量化指标的科研考核机制使得高校教师尤其是青年教师深感焦虑和无奈。一方面，青年教师往往是教学工作的主力，投入教学工作多必然会挤占科研的时间，于是在科研压力下，很多教师选择让渡教

---

① 廉思.工蜂——大学青年教师生存实录［M］.北京：中信出版社，2012：247.

学。另一方面，很多青年教师都像上文所述的张林一样，是因为钟情于自己的研究领域而选择大学教职，但是现在他们不得不为了应付每年的科研考评任务，逼迫自己做那些与其学术兴趣并不相干的研究，迫使自己"抓热点"、"打擦边"、"走捷径"，尽快制造科研论文。科学研究已不再意味着一种科学探险，而变成了一种职业生存的手段。

或许科研压力带来的仅是专业才能或职业发展上的焦虑，但职称评审制度却使青年教师面临更沉重的职业"存亡"问题。近年，很多高校为了鼓励教师自觉地提升职业素养尤其是学术水平，推行"非升即走"的职称评审制度，即在规定的职称晋升期间内没有实现职称晋升的教师将被转岗。不仅如此，职称晋升的标准正在逐年提高。

如果可以暂时躲避工作压力的话，那么青年教师无论如何也逃离不了生活的"紧追不舍"。很多青年教师工作后都面临结婚、生子、养家、赡养父母等重要人生任务，增加收入、改善居住条件已经成为他们关注的头等生活大事。生活的紧迫使得他们不敢有懈怠的心理，而总是马不停蹄地努力。所以对外经济贸易大学廉思教授将当前的高校青年教师比喻为"工蜂"——一群忙忙碌碌、无法停下来的人。

拓展阅读

麦可思研究院最新公布了一项有关高校教师生存状况的调查报告。在被调查的高校教师中，约八成人表示实际工作中承受的压力较大，其中本科教师反映压力较大的比例为84%，高职高专教师为79%。通过对被调查教师的深入分析发现，在过去两年中，"个人财务状况"是造成高校教师压力大的首要原因（其中本科教师占47%，高职高专教师占52%）。

被调查的本科教师月收入在 5000 元及以下的比例为 73%，高职高专教师月收入在 5000 元及以下的比例为 88%。其中，月收入在 3000 元及以下的本科、高职高专教师的比例分别为 32% 和 45%。

除此之外，造成本科教师压力大的主要因素还包括"科研或论文发表要求"（占 46%）、"学校的制度和管理"（占 40%），造成高职高专教师压力大的主要因素还包括"学校的制度和管理"（占 45%）和"工作量"（占 36%）。与高职高专院校相比，本科院校的科研要求和考核较为严格，科研成果也会影响教师评优、职称晋升等多方面，所以来自科研或论文方面的要求对本科教师造成的压力更大些。

（摘自《大学教师压力倍增自嘲"累觉不爱"》，来源于《新民晚报》，2014 年 9 月 10 日 B9 版）

一面是知识水平高、社会地位高带来的荣耀，一面是现实的压力带来的焦虑和艰辛，焦灼于其中的教师体味到了无奈与困顿。而且在当今推崇物质利益的社会中，"社会地位高"越来越像画上的饼，看着好看但不中用，甚至在某些时候只能变成高校教师维护职业尊严、寻求自我安慰的一个托词而已。"社会地位高"的光环被现实打磨得越发暗淡，生活的多彩、职业的乐趣也在遭受撞击后悄然褪色，青年教师的自尊和自信开始受到拷问，对未来无望的疑虑正在他们心中漫漫滋长。

幸福，教师坚守的原动力

幸福是生活的终极目的，追求幸福是每个人的理想与心愿，也是开创生活的不竭动力。高校教师深感现实的艰辛与困顿，无非是预感到幸福生活的渺茫，创造幸福的职业生活是每一个职业人包括教师的努力方向。

幸福是贯穿每一个人生活的核心主题和灵魂，人们在世的一切活动可以说都与实现幸福有关。对教师而言，幸福本该也是一个重要的职业主题。然而，受传统教师观和师德观的影响，幸福话题很长时间里被隔绝在教师职业之外，不论是在现实生活中还是在学术研究中，教师很少讨论幸福话题，甚至有些畏于、羞于谈论幸福话题。但是，随着社会经济生活的发展和教育人本化取向的确认和推进，人们以及教师自己越来越感到以往那些对教师的高尚赞誉，如无私奉献、不求回报、呕心沥血等，是那么的令人感到沉重、心酸和力不从心。教师面对的是一群生机勃勃的学生，教育世界是一个人与人的精神交流世界。按理说，教师职业应该是充满活力、生机和对生命成长的喜悦感的，但是那些沉重的社会"赞誉"在一定意义上却影响了教师对职业的美好预想和体验。

追求幸福是每一个人的权利，教师也不例外。创造职业幸福，努力成为一个幸福的教师，应该是教师从教的正当理由。因此，幸福话题在教师中呼之欲出。20 世纪末，随着教育与幸福的话题的出现，教师幸福话题开始受到人们的关注。从此，关注教师的个体需要和职业生活，成为教师研究的一个重要角度或取向。转向关注幸福，是对教师最大的尊重，也是对教师工作积极性的最大激励和调动。当教师可以谈论幸福时，可以设想、筹划职业幸福时，教师的职业热情必然会被点燃，他们会更加自觉、自愿地为教育贡献光和热，只因这是一件关乎切身利益的事情，而且是一件关乎生活质量的大事。在幸福话题上，教师与职业不再是对立的、隔绝的，而是相互关联、命运相系的。正如李镇西老师所说："为什么我能够三十年如一日地保持对教育的一往情深？因为我从年轻时便想透了一个简单的问题：我是为自己工作，为自己的幸福工作。这和校长无关，和名利无关，只和幸福有关。教育，就是追寻或者说创造幸福的人生。"①

关注幸福，不但会令教师生发职业热情和意愿，释放教师职业的吸引力和价值，而且会为教师的自主专业提升提供动力。职业是一种谋生手段，但又不仅仅是一种谋生手段，它还是人实现价值、创造幸福生活所必需的生活内容与方式。只有那些在意自己的生活、愿意创造幸福生活的人，才会主动地"武装"自己，寻求如何创造幸福的生活。同样，只有意识到自己不是为了职业而工作，而是为了自己工作、为了自己的幸福职业生活而工作的教师，才会愿意并自觉地提升、完善自身的素养。所以，幸福是激励教师自觉进行专业提升的内在动力。

---

① 李镇西. 成长关键词——回眸我的三十年［J］. 班主任，2012（6）.

幸福的教师在哪里

什么是教师的幸福？什么样的教师才是一个幸福的教师？对这个问题的回答无法回避对幸福的理解。幸福是什么？是丰裕的物质生活？是快乐？是事业有成？是理想的实现？还是有家人和朋友相伴？幸福似乎很难说清，也被认为具有很大的主观性，一个人幸福不幸福，只有自己知道。但是，它似乎又总是隐含着一些共同的东西。细细品味，我们会发现，不论是丰裕的物质生活、理想的实现，还是家人、朋友的相伴，都与人的需要有关，这些需要与个体获得"人"的存在和发展密不可分。这样看来，教师的职业幸福必然与教师在职业生活中所要获得的需要有关，或者说教师的职业幸福就在于那些能满足人的目的性需要的职业生活要素。从这一角度看，我们认为，幸福的教师应该具有以下特征。

1. 幸福的教师是积极投入教育工作的教师

创造幸福，一个人首先要积极地面对生活，积极地投入生活。什么是"积极地投入"？"积极"表现为对生活充满希望，有乐观的情绪和心态，有饱满的精神状态；"投入"不是应付而是迎接，不是接受而是担当。在现实生活中，我们总能看到很多境况不佳甚至堪忧却依然乐观生活的人。在别人眼中他们肯定是不幸福的，但你往往会发现这些人恰恰是幸福的，因为他们虽然物质贫乏，但却积极、乐观、坚毅，在忙忙碌碌的辛酸生活中努力地、一点一滴地开创更好的生活——只因他们心中

> 姐妹俩同在玫瑰花园里玩，她们的手都被玫瑰刺扎了一下，姐姐立刻厌恶地说："讨厌，这么美丽的花下竟然有这么多尖利的刺！"而妹妹则欣喜地叫道："啊，原来这么尖利的刺上也能长出这么美丽的花！"
>
> 这一整天姐姐都因此事而闷闷不乐，妹妹却因此而兴高采烈。
>
> ——陶继新《做一个幸福的教师》

充满对美好生活的期许，而且相信生活在自己的手中会越来越好。

所以，一个幸福的教师一定是积极投入教育工作的人。他并不把职业仅仅当成一种谋生的手段，而是当成事业，对它寄予了希望，赋予了美好的憧憬；他并不是当一天和尚撞一天钟，而是热爱自己的职业，敬心、乐观、自信地开始每一天的工作。这样的状态将为他贡献积极的情绪体验，而积极的情绪体验在哈佛大学公开课《幸福课》的主讲教师泰勒·本·沙哈尔（Tal Ben Shahar）看来是幸福人生的主色调。对高校青年教师而言，虽然起步阶段的生活不尽如人意，但积极地面对工作、投入工作，是创造幸福生活的第一步。

2.幸福的教师是积极创造职业乐趣的教师

通常，人们认为幸福就是快乐，快乐就是幸福。其实幸福与快乐不同，虽然幸福包含快乐。它们最大的差别是，幸福具有目的性或价值性，就是

说，幸福包含人的需要及实现需要的行动，也就是包含人的价值实现。当一项工作创造、展现了一个人的价值时，这个人必定会收获工作的乐趣和幸福的体验。寻求自我价值的实现、创造与享用职业的乐趣，是人们工作的最大动力与诉求。但是，幸福生活所意味的"乐趣"并不是职业的外在价值或附属性结果，如金钱、地位、名誉等带来的快感，而是职业内在价值如工作对象的质量、职业过程的积极体验、职业价值的认同等带来的喜悦与满足，因为这才符合人作为一种精神性存在的需要。

一个幸福的教师一定是在工作中积极创造职业乐趣的人。对中小学教师而言，他们的最大职业乐趣莫过于教学、育人工作，莫过于学生的发展。而对高校教师而言却不止于此，当一个高校教师不是为了应付完成教学工作量，而是出于喜爱知识，喜欢与学生一起探讨、分享知识和心得，看到学生的成长时，他是拥有教学乐趣的，是幸福的。这种幸福是教师最大的幸福所在。当一个高校教师不是为了应对科研考评和职称评审，而是出于对学术研究的敬畏，对研究领域的好奇、喜爱与孜孜不倦时，他是钟情于科研的，是幸福的。当一个高校教师在参与社会兼职或服务时，想到的不仅仅是获得更高的劳动报偿，而是感受到了知识分子的社会职责，感受到个人社会价值的实现时，他是品尝到社会服务的价值和乐趣的，是幸福的。当一个高校教师愿意并积极在教学、科研中不断思考、探索和寻求改变时，他是乐于从事教育工作的，是幸福的。总之，高校教师的职业幸福更加丰富，更富有色彩。

幸福与快乐的差别

1. 有无目的性、意义性或价值性

幸福是生活目的的实现，所以幸福是生活的目的本身。快乐则不然。生活离不开快乐，却不以快乐为最终的目的。这是因为感官快乐只是生理欲求的满足，本身无所谓对错或善恶，它的对或错需要另有标准去判断。同时，人可以为了幸福作出行为准备，但人很难为了获得快乐提前作出行为努力。

此外，快乐与痛苦相对立，但幸福并不排除痛苦，而生活也包含痛苦的体验。所以，幸福可以作为生活的目的，快乐则不能。

2. 无限与有限的区别

幸福感具有无限性，所以行动之前有憧憬的幸福，行动之中有崇高的愉悦，行动之后有永远的欣慰。而快乐则不然。快乐具有"消费性"。所谓消费性指的是快乐过程随欲望的满足而消失的特性。

3. 有无对牺牲的超越性

幸福具有享用性。幸福高于快感，幸福也超越了"牺牲"。而快感无价值，许诺或追求快感都只能带来人格的畸形。这是因为假如以快乐作为生活的目标，主体所能获得的快乐永远都小于其主观的期待。所以，真正的道德生活或人的生活只能追求具有价值性、真实性、享用性的幸福目标的生活。

4. 有无强烈与持久的成就和动力特质

人之所以能在生活中克服千难万险，最根本的在于人有其精神动力

或精神支柱。幸福与快乐相比，都具有动机色彩，但前者对人的推动更恒久，力度更强。原因在于快乐与生物性需要的满足相联系，而幸福与对真、善、美、圣等价值追求的超越性需要的满足相联系。幸福即人本质的实现。

（摘自《教师伦理学专题》，檀传宝著，北京师范大学出版社，2010年版第26—29页）

3.幸福的教师是拥有愉悦人际关系的教师

幸福具有关系性，这包含两层含义：其一，幸福发生在关系中。一方面幸福需要人去创造，这是一种在与他者的共事、相处中面对他者、给予他者的行动。另一方面，只有通过他者，个体才能收获、感知幸福。没有他者，个体的幸福将失去生长的土壤。所以幸福是给予性与被给予性的统一。其二，幸福是人际间的精神联系。人与人之间的和谐关系本身就是一种幸福源泉，因为幸福是一种精神性愉悦，与他人建立和谐的关系将促成人际间的情感关联、精神共鸣，获得存在的相依感、安全感、温暖感。因此，幸福的教师一定是拥有愉悦人际关系的教师。

对高校教师而言，愉悦的人际关系主要体现在师生关系、同事关系两个方面。相比那些专门的研究者来说，高校教师独特的幸福体验就在于师生关系。良好师生关系带来的职业幸福感不仅仅是一种情感关联，更在于它让驻足其中的人感受到生命的跃动和勃发，以及生生不息的生命朝气。它渗入人的精神世界又滋养人的精神世界，这是其他任何职业所不具有且无法企及的。对高校教师而言，愉悦的师生关系来自与大学生之间的相互尊重、信任，来自彼此之间的知识探讨、思想碰撞、人生漫谈、情感沟通等，也来自学生的专业成长。

教师的劳动具有集体性，和谐、团结协作的同事关系也是教师教育幸福的重要人际源泉之一。然而，在高等院校中，教师单打独干或各自为政的工作方式已经成为一种常态，它不仅影响同事关系的质量，更干扰教师的成长。建立团结协作的同事关系，对高校教师共同体的发展、职业生活质量的提高，都具有重要意义。

4. 幸福的教师是主动寻求超越的教师

生活是流动的，是常新的。幸福从来都不是生活的某个终点或结局，不可能一次性被占有，它需要人在生活的全过程中给予关怀，不断创造。没有一个人能在达到某种目标或获得某种东西后驻足停守，这是生活所不能接纳的，他必须继续开拓前行。追求幸福的过程就是人不断寻求超越、发生超越的过程。一个幸福的人也必然是一个处于不断超越状态中的人。就像《生活的意义与价值》一书的作者鲁道夫·奥伊肯借用路德的话对生活所做的描述："不存在任何完美的成就，一切都在创造之中。我们看不到终点，而只看到走向终点的道路。光辉的顶点尚未到达,细致入微的改进还在继续。"①

对高校教师而言，虽然期待的生活与现实有很大的差距，虽然最初的生活窘境令他们伤心、焦虑、困苦、迷茫，但是真正期待幸福并能最终收获幸福的教师一定是敢于担当现实的不如意，积极寻求突破和超越的人。他们会抱怨，但他们更会重整理想，收拾心情，脚踏实地地面对现实，努

---

①［德］鲁道夫·奥伊肯.生活的意义与价值［M］.万以，译.上海：上海译文出版社，1997：97.

力寻找希望和出口。幸福的教师一定是主动寻求超越的教师。但是，超越绝不仅仅是对当下生活的改变，尤其不是某种生活结果上的量的增加，它更是对自我的改变，这是一种内心精神力量的壮大，一种自我精神世界的提升和完善。

大学的良心——
高校教师师德案例读本

教师何以收获幸福

　　造成当前高校教师生活困顿的原因很多：有社会的原因，如工资待遇不高；有高校体制的原因，如高等教育的大众化发展，缺乏充足践行的大学精神，不尽合理的科研体制、职称评审制度等。当外在因素尚需时日改进之时，教师个体的积极努力和调适才是根本之路。这种努力既关涉知识、专业能力的发展，更涉及伦理智慧的增长，因为幸福生活的开创离不开伦理智慧。

1. 幸福生活需要伦理智慧

　　人是一种有意识的生物，是一种目的性存在，人的在世活动都是为了实现人生的目的、价值或意义，从而使生活拥有根基和灵魂，使自我拥有确定感和价值感。幸福与人的目的性存在有关，幸福是人的目的性自由实现时的一种主体生存状态。[①] 这意味着，幸福是一个价值实现问题，它象征了一种能力，一种价值创造与体验的能力。正因此，虽然每个人都渴求得到幸福，但并不是所有的人都能收获幸福。

---

① 檀传宝.教师伦理学专题——教育伦理范畴研究［M］.北京：北京师范大学出版社，2010：23.

那么，幸福能力是一种什么样的能力？宽泛地说，我们习得的所有知识、能力或素养都有助于幸福的实现，其中有一种是绝对不能空缺的，这就是人的德性、伦理智慧。在现实生活中，虽然我们不乏看到过这样一些现象或例子：有德性的人没有因为善举获得他人的认可、感激，获得好报，反而使自己受伤，使生活陷入困境，但这只是极少数的，不是人类社会生活和行为的常态，所以当这种事情出现时，人们才会表现出一致的愤怒、声讨和批判。事实上，不论从理论上分析，还是从现实中观察，人们都不难发现人创造幸福生活的过程总是撇不开伦理智慧。究其原因，人是一种道德性存在，道德性是人不同于动物的根本特性之一，过有道德的生活是人类生活的必然内容和方式。所以，幸福问题注定与道德关联，注定蕴含道德意味。这有两方面表现：其一，人对幸福的定位必须是道德的，就是人所确立的幸福目标不能损害他人的利益；其二，人必须以道德的方式创造幸福。

实现幸福需要伦理智慧，体验幸福、享用幸福也需要伦理智慧，因为感受幸福也是一种生活态度和方式。此外，提升幸福感也需要伦理智慧，因为幸福感的提升实则是生活境界即精神境界的提升，是一种生活品格的提升。总之，幸福生活的实现离不开人的伦理智慧。当然，这里的伦理智慧不仅仅是不作恶的底线德行，更是推动人

> 如果道德败坏了，趣味也必然会堕落。
>
> ——［法］狄德罗
>
> 遵照道德准则生活就是幸福的生活。
>
> ——［古希腊］亚里士多德
>
> 一个人如果能在心中充满对人类的博爱，行为遵循崇高的道德，永远围绕着真理的枢轴而转动，那么他虽在人间也就等于生活在天堂中了。
>
> ——［英］弗兰西斯·培根

们实现人格完善、生活提升的高位德行。换句话说，伦理智慧不是解决简单的或泾渭分明的善与恶分界的智慧，而是寻求小善向大善提升的智慧，是引导人们如何生活得更好的智慧。

2. 以伦理智慧推动新的职业生活

以目前高校青年教师职业生活的境况而言，以伦理智慧推动新的职业生活，至少意味这样几个内容。

（1）发展积极的职业认同，增强职业使命感。

今天的大多数青年教师都是在高等教育扩招的浪潮中被推入大学教职的，之所以说"被推入"，是因为他们的职业选择多少带有一定的盲目性。在人们的传统观念中，顶着博士头衔的人就应该进入大学工作，于是"高校教师"顺理成章地成为他们的职业选择。在看似"一帆风顺"的求职之路上，很多青年教师其实并未对大学教师有理性的认识，不太清楚大学教师的独特职责，也不深黯其生活面貌，所捕获的仅仅是来自民众印象和日常观察到的有关大学教师的表层信息。所以当工作之后现实与理想之间出现了反差时，心里随之有了巨大的落差感。事实上，对任何一个职业人而言，创造幸福职业生活的一个重要前提，是认识自己的职业，拥有职业认同。一个职业人如果不了解自己的职业，不知道自己工作的职责和特点，不能欣然面对职业，没有职业认同感，是无法谈及爱岗敬业的。不能爱岗敬业，就无所谓积极投入，自然无法谈及创造职业的幸福。因此，高校教师需要准确认识、理解大学教师工作的性质与职责，客观看待大学教师的职业优势，积极内化、认同大学教师的职业使命与价值，以形成合理的职业定位、良好的职业意识与心态。

高校教师应该对大学教职有合理的认知。大学教师与中小学教师在工作职责、领域上存在差异，主要表现在大学教师不仅要教书育人，还要进行科学研究，以及承担社会服务。教学是知识传授基础上的专业思维的启迪、专业视野的培育、专业能力的发展，是一项充满思想碰撞、智慧启迪和教育责任的工作；科学研究是一项充满挑战的工作，需要兴趣、热情，也需要耐心和意志；社会服务是大学教师履行知识分子社会责任的体现，是交织责任与名利的工作。很多高校教师可能看到了教学、科研、服务这三项工作，但并不清楚其中蕴含的伦理诉求。准确的教职定位需要深入了解教师职责的伦理诉求，这样才能缓解轻松工作假象带来的心理失落，才能明白体面工作的真正寓意。

高校教师还需要合理地定位自身的职业发展。在当今五彩缤纷的时代中，人往往容易跟随时尚而迷失自己的目标。在复杂的教育环境中，高校教师也容易跟随不良的趋向，迷失自己原初的理想。因此，教师需要思考自身的职业发展问题，审视自己的职业需要和追求，订立合理的职业奋斗目标。有了自己心仪的目标，教师才不会感到被牵制，才会主动、积极地投身于工作之中，在心系理想的努力奋斗中缓解初入教职的不良处境，尤其是不顺心的物质生活境遇对职业热情、信心和发展希望的打击。

拓展阅读

来世还愿做教师

我国著名的幼儿教育家陈鹤琴，早年毕业于清华学堂。1914年，陈鹤琴获得"庚子赔款奖学金"赴美留学。学医，是当时许多留学生的志愿，因为一则利国利民，二则学成后就业容易。陈鹤琴最初也是这个志愿。但是在横渡太平洋的游轮上，陈鹤琴在思想上却展开了斗争："究竟我的志向是什么？是为个人的生活吗？坚决不！是为一家人生活吗？也绝不！我的志向是'为人类服务，为国家尽瘁'……医生是医病的，我是医人的。我喜欢儿童，儿童也喜欢我。我还是学教育，回去教他们的好。"满怀救国热情的陈鹤琴，经过反复思考，终于打定主意，放弃学医，改学教育，学成归国后献身于苦难祖国的教育事业。

（摘自《师德养成读本》，陈孔国主编，湖南大学出版社，2010 年版第 15—16 页）

（2）确立正确的幸福观，调整功利化心理，自由追求职业价值与使命。

幸福是一种能力，一种发现幸福、创造幸福、享用幸福的能力。发现幸福的能力很大意义上源于人们对幸福的正确理解。只有正确理解什么是幸福，才能将可能的幸福源经过创造变成真正的幸福。很多人在幸福之路上出现问题恰恰是在一开始就对幸福有了错误的理解。正如罗素所说，"种种不幸的根源，部分在于社会制度，部分在于个人心理。"个人的不幸，"很大程度上由对世界的错误看法、错误伦理观、错误的生活习惯所引起，结果导致了对那些可能获得的事物的天然热情和追求欲望的丧失"。[①] 因此，发现幸福、创造幸福，要以正确的幸福观为前提。

幸福从来都不是某种实体性的东西，它往往是人们对某种生活的寄托和期许，这种寄托和期许让人拥有一种关涉其中并为之牵挂的生活情态。因此，创造幸福的过程从来都不是占有某种东西的过程，而是一种全身心投入的过程，是一种为之动情和"献身"的过程。赵汀阳就曾说过："幸福……

---

①［英］伯特兰·罗素.走向幸福［M］.陈德民，罗汉，译.上海：上海人民出版社，1988：5-7.

不是一个漂亮的大结局","幸福必须是一种行为的活动过程本身就能够产生的感受，否则就只不过是必须付出痛苦的代价去获得的利益"。[①] 正因此，教师的教育幸福才存在于积极投身教育活动的状态中，存在于努力创造职业乐趣的过程中。这种"乐趣"首先源自活动过程本身或其内在价值实现带来的满足、欣喜、愉悦，其次才源自行为结果或功利价值实现带来的满足、快乐。伴随过程而生的乐趣可以催生幸福，这是最根本的。很多教师将教育的幸福归于与学生在一起的美好时光，归于学生成长的瞬间，归于自身在教育过程中的愉悦体验，就是看到了这一点。高校教师要清楚地认识到幸福的这一特性，除了关注物质需求的满足外，更要注重精神需要的满足，也就是注意把握、感受每一项工作的内在价值，不论是教学中的师生和谐相处和学生成长、科研中的知识探险及其乐趣，还是社会服务中自身社会价值的实现与被认同。积极的教育体验可以缓解暂时不佳的经济生活状况对工作热情、敬业之心、发展信心和意志的打击。

拓展阅读

小猪问猪妈妈："妈妈，幸福在哪里？"猪妈妈告诉小猪："幸福在你的尾巴上。"小猪听后，每天都在想方设法咬自己的尾巴。一天，小猪问妈妈："妈妈，幸福真在尾巴上吗？为什么我总抓不到它？"猪妈妈笑着说道："幸福在你的尾巴上，你每天快乐地生活着，它就幸福地跟在你的身后和你前行。"

幸福不是抓住，幸福是尾随在你快乐生活的背后。

（摘自《有关幸福的小故事》）

[①] 赵汀阳.论可能生活［M］.北京：中国人民大学出版社.2004：23.

幸福具有价值性，蕴含人的价值实现，但它一定是价值的自由实现。有了自主性，价值实现才符合人的本意和需要，才会产生激动人心的价值感和欣喜感，才会充满乐趣。高校教师对专业自主的需求较高，也较敏感，然而目前我国高校的职称评审制度、科研考评制度已经使很多教师感到越来越被牵制。在日常工作中，教师对科研的兴趣、乐趣较少，更多的是科研的压力。心灵的不自由在很多时候令教师感到苦闷、无趣、无望。创造职业的乐趣，教师需要正视横亘在体制规约与专业自主之间的矛盾，积极协调体制压力与专业自主之间的矛盾。一方面，高校教师要积极应对科研工作，选择有价值的问题或主题，严谨、诚信地进行研究，不能为了完成科研工作量而寻求不正当的手段。另一方面，高校教师要从长远专业发展的角度筹划科研工作，思考和确定自己感兴趣的、愿意致力于长期研究的主题或领域，保持研究的稳定性和持续性，确保研究兴趣的不减。只有这样，教师才能在科研中感受到专业自主，体味到研究的乐趣和价值，自身才能不断得到提升。

（3）协调复杂关系，增加人际智能，实现与集体的融合和自身的专业成长。

刚参加工作的青年教师在教学、科研之外的闲杂事情相对较少，时间相对充裕，加之他们精力充足、踏实肯干，所以很多人都有过前文案例中张林的那种"被邀请"加入某个教师的研究团队的经历。最初，很多人会欣喜于这种"被邀请"，因为这寓意了老教师对自己的肯定、接纳和厚爱，而且这种"被邀请"无疑是一种便捷地融入集体的方式。但是，当他们进入项目组后却逐渐发现，要么研究主题与自己的研究兴趣或定位有很大的距离，要么是在为别人"做嫁衣"，而且一旦进入就不好意思"申请"离开。于是，很多青年教师在这种"被邀请"或"被厚爱"的处境中感到纠结与无奈。

还有一些青年教师则和绝大多数工作多年的教师一样处于一种"单打独

干"的工作状态中。这是由于高校教师的工作具有研究性，各自的研究领域和兴趣不尽相同，因而工作的个体性或独立性更强造成的。这两种状态都不利于教师工作的推进和职业生活的发展。建立和谐的同事关系已经成为高校教师获得良好职业生活质量和状态的保障之一。在建立和谐的同事关系上，高校教师应该处理好两组矛盾，即近景目标与长远发展之间的矛盾，自我发展与团队合作之间的矛盾。

案例中张林在被拉进其他教师的项目组后面临的主要难题是，为团队做贡献却牺牲了自己独立的科研工作，这直接关乎他的职称评审。这造成了近景目标的实现与长远专业发展筹划之间的矛盾。不可否认，近年来职称评审越来越难，竞争日益激烈，但是高校教师应该有长远的专业发展定位和规划。只有明确了自己的专业兴趣，确定了专业发展旨趣，个体的专业发展才能持久、深入，研究过程才会有乐趣和动力，职称评审才会显现个人真实的发展水平。否则，不论是科研还是职称评审都将成为应付别人要求，谈不上享受、乐趣和成长。只有发自内心的、自由的行动才会带来幸福的体验。

团队合作是每个教师获得专业成长的重要途径之一，与其他教师共事不仅能拥有研究平台、获得研究经验、提高研究能力，也能从他们的发展经历中获得个人成长的经验、品质与智慧。因此，高校教师在参与团队研究中不必纠结于"为他人作嫁衣"，也不必为此苦恼，应该充分认识研究团队对个人发展所发挥的重要的平台作用，甚至应该积极寻求加入其他教师的研究团队中，积极建立教师研究共同体。当然，这并不意味着当研究团队的主题或领域与自己的相去甚远时，仍然一味地或碍于面子而放弃自己的专业兴趣。在这种情形下，教师应该在协助其他教师开展项目研究的同时，积极与团队负责教师沟通，表达自己的专业取向和发展所需。总之，高校教师应该始终明确并坚持自己的研究方向，为自己的长远发展着想，在与集体建立融洽合作关系的基础上确保个体的专业发展。

拓展阅读

拆除"四堵墙"的终身校长

1957年1月，钱伟长在《人民日报》上发表了《高等工业学校的培养目标问题》，对当时清华大学照搬苏联模式的教学思想提出了意见。因为坚持自己的看法，1957年6月他被打成"右派"。虽然因为毛主席的一句话，钱伟长保留了教授资格，但他没了上讲台授课的资格，被派去扫地。1968年，已经55岁的他还被分配到首都特钢厂做了一名炉前工。他的两个孩子受到牵连，没能上大学。

1980年，钱伟长终于得到了平反。3年后，已经70岁的他接到了由邓小平签发的担任上海工业大学校长的调令，下面还加了一句话："不受年龄限制"。当时的上海市市长汪道涵找他谈话时则说："不能辞职。"1993年，上海工业大学合并了4所大学，成为现在的上海大学，因此，钱伟长直到去世都是上海大学的校长，成为世界上年纪最大的校长。

在上海工业大学时，钱伟长提出了"拆除四堵墙"的教育理论。"四堵墙"指拆除学校与社会之间的墙，加强高校与社会的联系；拆除教学学与科研之间的墙，老师必须科研教学双肩挑；拆除各学院与各专业之间的墙，不再隔行如隔山；拆除教与学之间的墙，培养学生的自学能力。钱伟长也一直探寻着创新人才培养的新模式，在上海大学推出了创新的"三制"——学分制、选课制和短学期制，从而避免了传统教育模式未能注重学生个性发展的弊端，使学生得到更多的学习自主权。

钱伟长认为学校必须适应社会的变化，为社会服务，并且要和社会结合起来办教育。他所有的教育理想都源自一个目标，就是办兴国的教育，他希望办一所能为上海、为全国经济社会发展服务的大学，他希望培养的学生能为国家解决实际的问题。

钱伟长最喜欢和各个院系的教师座谈，正是在一次次交流中，他传递着自己对教育的理解，至今启迪着教育工作者："我们不但要让学生掌握科学知识，更要培养学生科学思想、科学方法和科学创新的能力，这样才能符合新世纪的要求。""高等学校必须是两个中心、一支队伍，教学必须与科研结合。作为一个教师，搞好教书育人工作，这是必要条件，也要从事科学研究，这才是充分条件。""当今经济建设和科学技术正在发生着极大的变化，我们必须适应社会的变化，密切与社会的联系，为社会服务，不然办不好学校。"

钱伟长在上海虽然没买房子，也不领工资，但他在校长位子上干得很开心，忙得不亦乐乎。对于新的上海大学，钱伟长倾注了很多的心血，新校区规划蓝图就是他画的。有一次，其他学校的老师来参观，一位担任讲解的老师指着走廊说："看，这个走廊多漂亮，多壮观。"钱老师后来批评那位老师："谁让你这么说的？这个走廊连接着文理不通的学科，我是要打破学科之间的界限，根本不是什么漂亮、壮观，以后你不要这么讲。"

钱老的心里总装着学生，他设计的两层连廊也是为了学生在下雨时能够走连廊换教室。泮溪湖也是钱伟长坚持要挖的，虽然有人提出"成本高，难以管理"，但他说，"一所大学没有水，就没有灵气！"如今，上大的学生在传说钱校长的轶事时，总不忘提到，湖里嬉戏的天鹅、鸳鸯，都是钱校长从外地带回来的。

　　（摘自《师德养成读本》，陈孔国主编，湖南大学出版社，2010 年版第 9—10 页；《钱伟长：拼搏不惜的可爱老头　最爱当校长》，来源于《文汇报》，2010 年 7 月 30 日）

专题二　担起肩上的社会道义

——教师的道德义务

可以这样自由表达吗

"我开宝马就不遇堵车吗？""把你的破手机扔掉，你用的手机我去年8月就用了，我的电话号码有7个8，你买得起吗？"这是大学老师蔺东面对MBA课堂上以堵车为迟到借口的学生和在课堂上接打电话的学生时掷出的犀利言辞。这与一般大学老师的处理方法大有不同，令人震惊，更令人感到有威慑力。不久后，蔺东老师在一次专业领域内的案例教学研讨会上向同行讲起这件事时，还直言提醒同行："教师用不着讨好学生。"又是一句令人震惊之语。

其实人们对于蔺东老师的震惊，更在于他对同行的另一"善意提醒"。那次会议期间，在与同行交流时，蔺东指出大学教师的处境可以划分为"金字塔"式的6个层次，处于底端的是仅会讲课的教师，中间的是又会讲课又会拿课题的，顶端的是"学霸"和担任行政职务者。于是，他"善意提醒"同行，大学教师如果想顺着"金字塔"发展，做好教学是基础，但一生把全部精力都用在教学上，是"毁灭自己，照亮别人"。这被网友称为"教学毁灭论"。不仅如此，他还自称，自己用在教学上的精力仅占约三分之一。

蔺东老师的这番言论一出，立即招来了网络热议，也引发了各大新闻报刊的评论。有网友说，"大学教师全心投入教学是种毁灭"，犀利直白的话语可称得上是教育界的"任志强",遭到众多网友口诛笔伐也在所难免。也有媒体指出:"蔺东(化名)无疑是一针见血地总结出了最具中国特色的高校行政化、官僚化现状。拥有蔺东(化名)这样的个性教授,不仅是学生之幸,也是中国高等教育之幸。"①

事后,蔺东曾发文致歉,承认言论有些过激,至于大学教师"金字塔"式分类,纯系他个人根据现实感受提出的看法。尽管如此,这些言论引发的思考远没有因此而停止。

---

① 见《"开宝马副教授"称过激话本意不是讽刺学生》,来源于《长江日报》,2011 年 5 月 25 日。

大学的良心——
高校教师师德案例读本

言论自由与社会道义之间

在热议蔺东老师的言论中，有赞同者，也有批评者，而且都不在少数。在赞同者看来，蔺老师的"大学教师全心投入教学是种毁灭"以及"金字塔"言论，实际上道出了当前中国高等教育中教师分化及生存的现实状况，也道出了教师评价体制的弊病，是对当前高校评价体系的另类控诉。因此，在他们看来，蔺东不过是说了一句实话而已，是"揭穿皇帝新装的那个小男孩"。然而在批评者看来，他传递了一种消极的价值观，一种以金钱定地位、定身份，以金钱为人生评价标准的消极价值观。有人说，以数十万元的豪车、7个8的吉祥电话号码而炫耀课堂，暴露了学术功利化的自私与浅薄。严格说，这样的老师，只能算经过明星化包装的学术人物，而非真正的学术明星或者明星教师。

细细品味不难发现，分歧的焦点其实集中在蔺东作为一个普通社会民众和作为一位大学教师之间的冲突。作为一位普通的社会民众，蔺东享有言论自由。面对当今高等教育的诸多弊病，我们需要像蔺东这样的敢于直视、直言教育病症的人。所以，赞同者认为应该宽容地对待蔺东和他的那些言论，这既是社会进步和教育进步的表现，也是社会和教育进步所必需的。如有媒体评论道："如果只因为讲真话而受到批评和排斥，那是大学校园的另一种悲哀。"①"大学教师必须思想活跃，才能做好教学和科研。思想活跃的外在表现，就是各种各样怪话比较多。对大学教师不妨宽容一些。如果随口讲句'疯话'，就是一片批评的鼓噪，我们的大学，不说出不了大师，至少要少出几个。"②

但是，蔺东又不仅仅是一位普通社会民众，他还是担负教书育人职责的教师。教师这一职业与其他职业有很多不同之处，其中最重要的一点区别在于它具有示范性，它要求教师要为人师表，要严格要求自己，要注意自身的言行，以时刻给学生带来积极的教育影响。所以，在批评者看来，蔺东的言论违背了他作为一名教师应有的"传道"职责，没有践行为人师表的职业要求。

必须承认，蔺东老师的言论的确隐含了一定的消极价值观，包括消极的人际交往观和教师职业价值观。前者来自蔺老师在批评学生时的"炫富"，其中有对学生的不尊重，也传递了一种消极的交往观：人与人之间的尊重甚或师道尊严有了新的内涵或标准——财富的占有。后者来自他的"教学毁灭论"和"金字塔论"，这让人捕捉到了一种消极的教师职业价值观：全身心投入教学是一种自我毁灭，只有跑项目、拿课题、手持经费才能体现大学教师的地位、尊严、价值与能力。当然，从蔺东老师现有的工作状态和状况来看，他不处于"金字塔"的最底层，也一直在努力奋斗不成为"金字塔"底层的老师。

从作为一名普通社会民众的角度看，蔺东的言论是刺中高等教育弊症的一把利剑，但是从作为一名大学教师的角度看，他的言论却传递了一种消极

① 见《教师"毁灭"论惊人但未必是事实》，来源于千龙网，2011 年 5 月 23 日。
② 见《给大学教师一点言论"公差"》，来源于《南方周末》，2011 年 6 月 10 日。

的职业价值观或职业追求。虽然这些言论表达的是他的个人观点和选择，但是当它们从一位教师的口中传递出去后，它就不再仅仅是个人的感受或观点，而是具有了一定的导向性。因此，尹老师的言论难免让人心生隐忧：在当今功利化凸显的社会生存境遇中，这种消极的价值观可能对大学生健康的人生观、价值观构成一定的干扰，甚至可能为消极价值观树立了一个或多或少具有一定说服力的印证。

教师是一个特殊的职业，是一个被赋予较高职业道德期待的职业，只因其身担育人职责。社会和普通民众始终对教育、教师怀有一个最基本的情结——传递积极价值，如果教师不能传递积极价值，这是有违教育本意和教师这一称呼的。蔺东的言论恰恰让人感到他破坏了这一教育本意。所以，教师应该谨慎对待自己的言行，在自由发表言论时应该注意言行的教育影响，这样才能避免消极教育影响的产生，避免育人职责的遗忘。

教师缘何要担负道德义务

从身为教师的角度看，蔺东的言论确实有失当之处，在教育伦理学上这种失当集中显现为教师对所应当承担的道德义务的丢弃。义务是面对利害道德主体应该做到的事情。[①] 简单来说，道德义务指人们在一定社会关系中对他人、社会承担自己所应当做的事情。在教育世界中，教师的道德义务分为狭义和广义两种。在狭义上，教师的道德义务直接表现为引导学生养成德性的责任，蔺东老师主要是破坏了狭义上的道德义务；在广义上，它表现为教师基于"人"的成长需要而承担的教书育人之责。狭义的道德义务是基础，教师只有首先担负起道德引导之责，广义上的道德义务才能成立，也才有价值。这里我们主要讨论的是狭义的道德义务，但也兼顾了广义的道德义务。那么，教师为什么需要承担道德义务？对这一问题的回答涉及教育事业、学生和教师三个方面。

1. 担负道德义务是教育事业所规定的

教育是一项与众不同的人类社会实践活动，它发生在教育者和受教育者

---

① 檀传宝. 教师伦理学专题——教育伦理范畴研究 [M]. 北京：北京师范大学出版社，2010：92.

两个主体之间，致力于推动受教育者获得"人"的成长。教育所成就的这个"人"首先必须是一个有道德的人，因为人是一种道德性存在，人的存在和发展都必须以道德为基础，人必须过有道德的生活。所

> 大学之道，在明明德，在亲民，在止于至善。
>
> ——《大学》
>
> 教育的原则，是通过现存世界的全部文化导向人的灵魂觉醒之本源和根基，而不是导向由原初派生出来的东西和平庸的知识（当然，作为教育基础的能力、语言、记忆内容除外）。
>
> ——［德］雅斯贝尔斯《什么是教育》
>
> 教育的人文基础是对人性之善的执著追求。
>
> ——樊浩《教育的伦理本性与伦理精神前提》

以，"教育"才不同于"教"，更不同于"教唆"，它具有鲜明的价值导向性，承载道德引导使命，是一项有意识地导人向善的实践活动。《说文解字》对"教育"的解释真切地道出了这一蕴涵："教，上所施下所效也；育，养子使作善也。"教育的导善性决定了教师应该也必须承担道德义务，传递积极的价值。在这一意义上，蔺东老师的言论之所以引起很多人的反对，恐怕不仅仅在于它关乎教师言行问题，而是让人们心生了更多的猜疑和担忧：何为教育？何为大学教育？

2. 担负道德义务是学生获得为"人"发展所必需的

人具有精神性，精神世界的发展是人逃脱不了的存在需要和宿命。教育的成就在个体身上虽然展现为人的知识、能力和品德的发展，但它们是有机整合在一起的，最终汇聚为精神世界的壮大。教育正是通过发展人的精神世

界来推动人的不断完善的。正如德国哲学家雅斯贝尔斯在他的著作《什么是教育》中所说的："所谓教育，不过是人对人的主体间灵肉交流活动（尤其是老一代对年轻一代），包括知识内容的传授、生命内涵的领悟、意志行为的规范，并通过文化传递功能，将文化遗产教给年轻一代，使他们自由地生成，并启迪其自由天性。"① 在这个意义上，教师对学生的精神引导之责，就是教育之责，成"人"之责，也就是广义上的道德义务。这种道德义务体现了教育的人性基础和发展人性的崇高使命，是一种蕴含了深厚的教育人道情怀的道德义务。

所以，教师一旦传递了不正确的道德价值取向，他便懈怠了道德义务；同样，如果教师在知识启蒙、能力培养、品德引导中抽

> 教育实践要做的工作是：无论学生的背景如何，要使他们一生有变化，要使所有学生的生活机遇发生变化，并且在充满活力且日趋复杂的社会中有助于造就出能够生存和有工作成果的公民。
>
> —— [加] 迈克尔·富兰《变革的力量：透视教育改革》

离了知识、技能、品德中的价值意蕴，忽视了其中积极价值的发掘和展现，他也懈怠了道德义务。前者无异于"引人入歧途"，在制造一个虽有文化知识但没有德性的危险之人，这不利于学生的发展，更会对社会构成隐患。后者使知识、技能、品德的学习变得枯燥，使教育教学过程变得僵化、机械、冰冷，师生间缺乏精神交流，学生的精神成长将受到阻碍。一句话，这两类教师并不是在培养一个鲜活的、具有生命力的"人"，而是在生产一个缺乏自主性、缺乏情感、缺乏创新思想的学习机器。今天，很多人批评我国的大

---

① [德] 雅斯贝尔斯.什么是教育 [M].邹进，译.北京：生活·读书·新知三联书店，1991：3.

学缺乏大学精神，实则也指出了我国大学过于行政化、知识化的教育模式影响了大学生批判思维、创新意识的发展，阻碍了学生作为一个生命体所应有的精神世界的壮大。

3. 担负道德义务是教师创造教育幸福的重要源泉所在

"学高为师，身正为范"，这是民众和社会对教师最基本的要求。履行道德义务，在狭义上就是要求教师做到为人师表，这能确保教师具备为师的资格和基本的道德素养。但是，践行道德义务对于教师的价值远不止于这一点，还蕴含更积极的意义：它是教师实现教育幸福的重要源泉所在。

没有人愿意过不幸的生活，包括职业生活，教师从事教育工作也需要创造教育的幸福。教师所有的教育幸福都凝结在良好的师生关系上，因为师生关系既是教育活动开展的平台，也是教育生活本身。建立和谐的师生关系，教师必须担负起道德义务。当教师胸怀教育使命，心系学生的发展，处处严格要求自己，注意为人师表时，他才会放下体制赋予的威严，走近学生，与学生平等相处，关爱学生，积极与学生交流、互动。在这一过程中，教师的人格魅力和威信显露出来了，师生间的情感、思想联结建立起来了，学生获得了成长和进步。同时，教师会感受到职业的价值与乐趣，生发职业认同感和深厚的教育情意，教育的幸福感便油然而生。毫不夸张地说，道德义务的履行是推动教师积极创造、体验职业的价值与乐趣，自觉关注和提升职业生活质量，收获职业幸福的根本途径。试想一个不能积极践行道德义务的老师，不但自身的价值世界会受到影响，而且会失去教育的热情、信念。如此谈何投入教育，谈何创造教育的幸福。

总之，道德义务是教师专业伦理的根本体现，其核心意蕴在于关怀学生作为一个人的存在和发展。教师只有担负道德义务，积极进行价值引导，其教育职责才能得到落实，教育宗旨才能实现。正如有人所说："专业能力强，是'好老师'的条件之一，但不是全部，'授业'之外，教师还有'传道'之责。所谓'传道'，就是用自己所信奉并践行的价值观影响学生。"①

---

① 见《我们需要怎样的"好老师"》，来源于浙江在线－钱江晚报，2011 年 5 月 26 日。

担负道德义务意味着什么

在教育教学实践中，担负道德义务，对于大学教师有如下内涵。

1.坚守大学精神

大学教育不同于中小学教育，它有自身的品格或品质，这就是大学精神。坚守大学精神，是高校教师践行道德义务的首要体现。简单来说，大学精神就是大学发展所秉承的基本价值取向，它是大学之为大学的标志和象征。从中世纪产生之初至今，大学已经形成了稳定的、共识性的精神品质，这就是学术自由精神、独立自治精神、科学精神与人文精神、开拓创新精神、理性批判精神。[①] 大学精神道出了大学教师的教育生存方式，也指明了大学的教育目的——培养具有独立、自主意识，兼具科学精神与人文精神，敢于批判、勇于创新的人。这一点是任何时期的大学教育所不懈追求的。也正因此，今天不断有人批评我国的大学教育过于功利化，过于追求满足职业的需求。

坚守大学精神，有两点很重要。一是高校教师要树立正确的大学教育

[①] 钱焕琦.高等学校教师职业道德概论［M］.南京：南京师范大学出版社，河海大学出版社，2010：48-53.

目的观。教师应该明确高等教育要培养满足国家和社会发展需要的专门人才，但不能忽略专门人才必须是一个完整的"人"，一个在社会化和个性化、知识与品德、科学精神和人文精神等方面和谐发展的人。高校教师应该谨记自己的职责不在于培养仅仅具备专业知识和技能的职业生存者，而在于培养各方面素质和谐发展的人，尤其是有社会责任感和创新精神的人。

拓展阅读

及至大学一篇之作，而学问之最后目的，最大精神，乃益见显著。《大学》一书开章明义之数语即曰，"大学之道，在明明德，在新民，在止于至善"。若论其目，则格物，致知，诚意，正心，修身，属明明德；而齐家，治国，平天下，属新民。

今日之大学教育，骤视之，若与明明德、新民之义不甚相干，然若加深察，则可知今日大学教育之种种措施，始终未能超越此二义之范围，所患者，在体认尚有未尽而实践尚有不力耳。

然则所谓体认未尽实践不力者又何在？明明德或修己工夫中之所谓明德，所谓己，所指乃一人整个之人格，而不是人格之片段。所谓整个之人格，即就比较旧派之心理学者之见解，至少应有知、情、志三个方面，而此三方面者皆有修明之必要。今则不然，大学教育所能措意而略有成就者，仅属知之一方面而已，夫举其一而遗其二，其所收修明之效，因已极有限也。

（摘自梅贻琦《大学一解》）

二是教师要树立学生自主探究与教师引导相结合的教学过程观。学术自

由、独立自治、开
拓创新、理性批判
的大学精神，是大
学教师的行为方式
特征，教师要在这
方面积极作为。同

> 真正的大学应该是探索真理和自由成长的最佳处所。用心呵护和极力弘扬批判的思考力是大学的灵魂。
>
> ——《教师的视界》

时，它们也是学生的行为方式特征。就是说，在大学中，学生在学习、研究、校园活动等方面也享有学术自由、独立自主和理性批判的权利。事实上，只有保证学生的这些权利，大学才能真正培养出独立自主、具有批判精神和创新意识的人。高校教师应该树立自主探究与引导相结合的教学过程观，在课堂教学中积极调动学生的主动性，创设充满思考、讨论、自由表达氛围的课堂，鼓励学生发表意见，引导学生展开问题探究，将学术自由、独立探究等大学精神渗透到课堂教学过程中。

2.践行价值引导职责

近年来，大学生身上不断暴露出很多行为失范问题，小到考试作弊、打架、缺乏公德、偷窃，大到缺乏社会责任感、投毒、杀害舍友等。这些都刺激了人们的神经，激起了人们的质疑和反思：什么样的人才是一个受过高等教育的人？今天的大学又在做什么？所有这些问题都指向了大学教育的"育人"问题，也在拷问大学的道德责任。面对现实的拷问，今天我们的大学教育必须摆正知识教学与价值引导之间的关系，大学教师必须处理好教书与育人之间的关系，积极担负价值引导职责。

新世纪以来，随着我国社会转型的推进以及全球化浪潮的冲击，世俗化、功利化取向日渐明显，物质财富、职务逐渐被人们当成评判一个人的社会地位、尊严和价值的重要标准，也成为人们考虑以何种方式或态度对待他人的重要依据之一。在这种氛围中，人们对上学、读书的价值也出现功利化认识：上大学的唯一目的是为了能找到一份好工作，职业的价值无非是使人更好地生存。这种功利化认识已经影响了当今大学生道德人格和健康心理的发展。所以，当今大学教师践行价值引导职责，首先要致力于引导大学生树立正确的求学观，促进核心价值品质的发展。为此，教师要引导学生认识到通过大学教育获得职业技能是暂时的，拥有灵活的思维、开阔的视野、优雅的品质、健康的心态，成为一个有思想、有人格、有理想、有精神追求的人，才是真正具有强大存在力量的人。

在与学生的日常相处和专业教学中，教师还要注意传递积极的价值品质，包括人类的基本或核心价值，如同情、友爱、尊重、宽容、责任、敬畏、信任等，也包括社会主义核心价值观

> 教授责任不尽在指导学生如何读书，如何研究学问。凡能领学生做学问的教授，必能指导学生如何做人，因为求学与做人是两相关联的。
>
> 吾们在今日讲学问，如果完全离开人民社会的问题，实在太空泛了。在中国今日状况之下，除安心读书外，还要时时注意到国家的危难。
>
> ——梅贻琦《教授的责任》

和我国的优秀传统美德，如孝悌、勤俭、勤劳等。前者旨在引导大学生懂得基本的人际相处之道，体味人际相处的道德和心理意义，建立和谐的人际关系，克服人际相处中的矛盾和冲突。后者在于激发和强化当代大学生的爱国情怀、社会使命感和民族认同感，使之成为勇于担负社会发展使命，

积极践履公民责任的国家建设者。

3.注意言论的社会道义

言论自由是人的基本权利，但是由于教书育人的职业特性，教师总是被赋予社会代言人的角色，他们的言论自由也在很大意义上被附着了道德意味或限定，这就是社会道义。也就是说，教师不能传递有违社会主流价值取向和舆论的言论。虽然蔺老师的教师"金字塔论"可以被看作是对教师不良生存状况和高校教师评价体制的批判，但它毕竟暴露出一些教师对待职业的不良态度，这难免会干扰人们和其他教师对教育和教师职业的信心。

或许有人认为，注意言论的社会道义是对大学教师言论自由、批判精神的限制或亵渎。作为知识分子，言论自由、批判精神是大学教师担负学术责任和社会责任的重要体现之一。他们应该以自己的专

> 义务所限制的并不是自由，而只是自由的抽象，即不自由。义务就是达到本质、获得肯定的自由。
> 在义务中个人毋宁说是获得了解放。
>
> ——[德] 黑格尔

业知识和学识、专业思维和视野，对社会发展中出现的各种问题作出客观、公正、科学的分析和判断并可发表看法，尤其需要对各种不良倾向、不合理的决定、决策等作出理性的批判。但是，言论自由不是胡乱评说，批判精神更不是没有边界的，它是基于知识责任和社会责任的批判，而不是带有个人情绪的抱怨、批评。批判，重要的不在于批评、指责，而在于它为社会开出的"良方"和传递的积极信息。正因此，在国外一些国家比如德国，大学教

师的学术自由往往限于专业领域和学校范围内，一旦进入社会，大学教师作为社会的一面旗帜，是不能随意发表不良言论的。

相比于有意识地进行价值引导，注意言论的社会道义，或许是教师在担负道德义务上的消极作为。但不论是基于对社会的考虑，还是基于对学生价值引导的考虑，注意言论的社会道义都是教师不可懈怠的道德义务。对此，教师在自由发表言论时，尤其是提出批判时，要注意避免传递或渗透不良或消极的信息，在坚持言论自由和学术自由的同时，要注意教师的职责，保持言论的社会道义。在课堂教学中以及与学生的交流中，教师也要注意客观、公正地表达学术观点，不能无依据地乱说，更不能随意散播不当言论。

4.正直教学

"大学拥有一项特殊的任务，那就是有条不紊地发现并且传授那些关于严肃的和重要的事物的真理。……发现和传授真理是大学教师的特殊职责。"[①]这意味着教师要实事求是地探索真理，也要坚持真理，不懈地传授真理。前者属于教师的学术道德问题，后者则体现了教师正直教学的品质。

所谓正直，是指能够坚持正义，不畏强势，敢作敢为。当一个人的行为符合善的取向时，他的行为是正义的；当他为正义而做一件事时，他是一个正直的人。所以，正直的前提是"正当"、"正义"，正直意味一个人坚持做"正当"、"正义"的事情，包括坚持正确的东西，以及坚定反对错误的东西。对大学教师而言，首要的正当、正义之事，就是正直教学，也就是传授真理、启迪思想。

---

① ［美］爱德华·希尔斯.教师的道与德［M］.徐弢，李思凡，姚丹，译.北京：北京大学出版社，2010：1.

坚持真理，传授真理，需要教师坚持科学精神，严肃、虔诚地对待知识，一丝不苟地传授真理，不妄断，不曲解真理，不因个人所好而对某些思想或观点作出不客观的评价。教师应当积极发挥专业自主权，敢于批判和抵制有违科学精神、不利于专业教学的决定、言论，敢于以科学精神和合理的教育教学理念和方式传授真理。

　　坚持真理，还需要教师特别注意合理地对待知识的价值问题。2011年一位大学教授在微博上发表言论称："当你40岁时，没有4000万身价不要来见我，也别说是我学生。"这番言论招来了广泛的热议和指责，抨击的焦点在于这位教授的这番所谓"激励学生的话"弥散着很强的功利色彩：职业的价值、成功的人生、人的社会价值似乎都只能用"金钱"来衡量。在人们看来，不论是这位老师还是蔺老师，他们都违背了教师的"传道"之责。相比之下，这位老师的言论中还隐藏了一种对知识价值的狭隘化认识：知识的价值只能用创造物质财富的多少来衡量。这种知识态度显然不应该是大学教师所应有的，也有违学者的科学精神。作为传授真理的人，正直教学要求大学教师应该严肃地对待知识的价值，应当努力追求并引导学生认同、追求知识的永恒价值而非仅仅追求功利价值，这样才能引导学生成为一个具有科学精神的人。

心怀育人使命，自觉履行道德义务

　　言论一出，蔺老师遭到了网民、媒体的公开围击。其实批评者非常清楚这并非个案，这样的大学教师可能还很多，而且今天在大学中教师只知道"授业"而无视"传道"，恐怕也已不是什么新鲜事。当然，批评本身恰恰说明了人们的渴求。所以，在市场化、全球化、多元化裹挟的社会中，面对纷杂价值观念的冲击，大学教师必须加强育人职责，积极担负起道德义务。

1.发展积极的个人价值观

　　对学生进行价值引导或道德引导，是教师要承担的育人工作，这一工作其实也是教师践行师德的过程。具备良好的师德，教师才能真正对育人、对道德引导有深刻的认识和感悟。担负道德义务，教师应该加强职业道德修养。但在这里，我们要强调的是，个体一般价值观也就

> 为师者希望引导他人走正确的道路，激发他人对真和善的渴求，使其素质和能力得到最好的发展，因此他应当首先发展他本身的这些优秀品质。
>
> ——［德］第斯多惠

是基本的人生观、价值观等的养成。这是因为个体的一般价值观是职业道德发展的重要基础，很难想象一个整天筹划赚钱的教师会尽心地投入教育工作，一个对父母都不愿付出、不愿负责的教师会对学生充满关爱之情，尽职尽责。虽然案例中蔺东老师的不当言论反映的是他在职业价值上的危险认识，但这种危险的职业价值观不可能与他的人生观、成功观等没有联系。或者可以说，恰恰是他不当的个体价值观影响了他的职业价值观。事实上，很多教师在师德上出现的问题都与其不合理的个体价值观有关。所以，要履行道德义务，加强师德修养，教师应该从关注自身积极价值观的形成做起。

个体价值观的形成是一个漫长的过程，它从人的孩提时代开始，一般到高中阶段基本趋于稳定，因此教师在入职时，其个人价值观实际已经基本形成。此时，发展积极的个人价值观，教师可以借助以下一些方式：不时地审视自己的教育行为及日常生活行为，以捕捉、透视自己的价值认识和观念；经常与其他教师就社会事件、教育话题等进行沟通讨论，在发表看法中捕捉、反思自己的价值观念；可以与学生就感兴趣的或与专业学习有关的问题进行讨论，在指导学生中规约、改进自己的价值观；也可以通过教育学习，如学习教育的先进思想和理念，阅读教育经典著作和优秀教育家和教育者的教育心得等，发展先进的教育价值观，以正确的教育价值观影响、推动个体价值观的改进和完善。此外，教师还需要从职业的角度，理性地看待复杂社会环境中的各种价值冲突，自觉抵制不良社会价值取向的侵蚀。

2. 敬畏教师职业，践行为人师表

为人师表是社会对教师职业的根本规定，也是对教师的根本要求。简单来说，为人师表就是教师要以身立教、树德立人。在某种意义上，担负道德义务就是践行为人师表。因为为人师表既可以确保教师不做有违教师身份和形象的事情，不散布消极价值和错误的知识，也就是人们常说的不误人子弟，也可以督促教师积极投身教育工作，努力发挥才干推动学生的发展。

做到为人师表不是一件易事，它需要教师时时处处严格要求自己，而要做到严格要求自己，有一个最基本的前提，这就是教师对职业和身份的认同。如果一位教师不认同自己的职业，不认同自己的教师身份，他怎么能尊重教师这一称谓，怎么能严格要求自己，督促自己做符合教师身份的事情？但是，认同教师身份不是夸大教师权威，以"教师"之名滥用教育权威，其根本涵义在于教师拥有为师的意识，知晓职业的涵义，清楚自身应担负的职责，更重要的是敬畏教师职业。敬畏是人对自身之外的其他存在的敬重和畏惧。这种"畏惧"不是因恐惧而产生的惧怕，而是因敬重而产生的一种肃然起敬的神圣感。敬畏教师职业或有职业敬畏感，是指教师对职业有敬仰感和畏惧感，敬仰感来自对职业崇高价值的认同和崇敬，畏惧感来自对不良职业行为影响的担心和畏惧。试想，如果当时在课堂上，蔺老师能想到自己面对的不是各大公司的领导者、管理者，而是来聆听教师传道、授业、解惑的学生，能清楚界定自己的教师身份和角色，能意识到不当言行可能造成的危害，或许就会思量一下批评的方式，慎重地

> 教师不仅是知识的传播者，而且也是模范。……教师也是教育过程中最直接的有象征意义的人物，是学生可以视为榜样并拿来跟自己作比较的人。
>
> ——［美］布鲁纳《布鲁纳教育论著选》
>
> 做导师的人自己便当具有良好的教养，随人、随时、随地都有适当的举止和礼貌。
>
> ——［美］约翰·洛克《教育漫话》

对待自己的批评言辞。

身教重于言教

南开大学早年开设"修身课"。为了引起学生的重视，这门课由校长张伯苓亲自讲授。

有一次下课时，张伯苓看见一个学生的手指焦黄，他马上意识到这个学生可能经常抽烟。于是，他对学生说："看你，是吸烟把手指熏黄的吧？吸烟对青年人有害，你应该戒掉它！"不料，这个学生盯着张伯苓的烟袋，反问道："您不是也吸烟吗？怎么说我呢？"

张伯苓愣住了，一时无言以答，憋了半天，他狠狠心，将跟随自己半辈子的烟袋掰成了两段，然后，当着全班学生的面对那位同学说："我以后不抽了，你也不要抽！"

过后，张伯苓又让校工拿出了自己所珍存的全部烟叶，当众销毁。看着年过半百的老校长毅然决然的神情，同学们惊呆了，纷纷恳求道："校长，我们保证以后一定不再吸烟，您就不用戒烟了。"张伯苓说："不这样做不能表示我的决心，从今以后，我与诸同学共同戒烟。"

自此以后，张伯苓真的再没有抽过一支烟。

（摘自《师德养成读本》，陈孔国主编，湖南大学出版社，2010年版第71页）

敬畏教职，来自教师对职业使命和教育责任的领悟，这需要教师坚守大学精神。今天我们时常为大学精神的缺乏或消逝而痛心疾首，这虽然与高等教育体制有关，但亦与大学教师不能很好地履行教育责任不无关系。如果大学教师都醉心于追名逐利，而不是启迪青年学生们发展创新精神、批判精神和社会责任，学生的成长、大学的发展从何谈起。在这方面，大学教师需要自觉加强师德修养，形成对教师、教育尤其是高等教育的科学、深入认识。

敬畏教职，来自大学教师对自己社会声誉的珍重，教师应该谨记社会、民众和学生对大学教师的期待，注意自身的教师形象，理性、谨慎地对待自己的言论和行为，不轻率地做出有违教师形象的事。敬畏教职还来自大学教师对真理的敬畏和追求，大学教师应该以科学严谨的态度对待教学和学术研究，积极践行知识分子的职责和使命。

"敬畏不只是一种感情；它也是一种理解方式，是对比我自身更伟大的意义的洞察。"[1] 所以，一个心中有所敬畏的人，一定看到了自己与周遭世界的联系，一定会谨慎自身的言行。对教师而言，认同教师身份，敬畏教师职业，就能看到自己所处的位置以及与学生、社会的联系，就能领悟到为人师表和肩负的社会道义。

3. 在敬心教学中渗透价值引导

授业与传道是教师的两项重要职责和活动，它们是互不可分有机融合的。只有蕴含了"道"——也就是价值意蕴——的教学，才是真正好的教学；在教学中传道，"道"才能更自然地被学生理解、接受和内化。传道、授业

---

①［德］赫舍尔.人是谁［M］.隗仁莲，译.贵阳：贵州人民出版社.1994：80.

大学的良心——
高校教师师德案例读本

应该是有机融合在一起的。然而，在今天的大学教育中，教师的专业教学与价值引导往往是分离的。受大众化的影响，一些教师将教学等同于单纯的专业知识和技能传授，忽视了价值引导。同时，很多大学教师认为自己仅承担专业教学和学术研究，学生的人格培育由专门主管学生工作的教师负责，甚至有老师认为中小学课堂更适合进行德育渗透，而大学课堂不能负担此项任务，也负担不了此项任务。这些不良的认识无形中阻碍了教师价值引导职责的浮现和践行，需要教师自觉地进行抵制和克服。

其实，好的教学本身就是一项价值引导活动。在课堂上，教师所展现的对知识的剖析、理解，以及由此产生的对相关知识、思想、价值观等的联想、拓展、深化，都散发着知识的魅力、人格的熏陶。这是一种来自知识传授本身的价值引导，其核心是成"人"之道的引导，是转知成智、转智成德的过程。同时，在教学过程中，教师呈现出的知识态度、投入状态、使用的教学方法以及开展的教学活动等也蕴含价值气息。这是一种来自教师教学行为的价值引导。知识教学与价值引导是相互融合的，或者说，在专业教学中教师即使没有刻意地附着某种价值，它也自然地产生于、存在于教学之中。只要教师能让知识焕发魅力，能让课堂焕发生机，能使学生得到思想的启迪和心灵的熏陶。今天很多大学教师自称自己做好专业教学就行了，其实恐怕他们并没有真正地做好专业教学，只能算作传授书本知识。忽视传道，授业一定是有问题或者是不完整的。在这个意义上，在专业教学中履行道德义务，其实就是教师敬心、精心地进行专业教学，使学生在学习专业知识和技能的同时，在思维、视野、态度、情感、价值观等方面获得引导，使课堂散发科学精神和人文精神的气息。

面对今天的功利化知识取向，要在专业教学中进行价值引导，教师还需把握两个重要内容：一是凸显知识的内在价值，即发展人的精神世界的价值；二是渗透知识伦理和职业伦理的引导。当今大学教育的职业价值日益凸显，很多大学生将专业学习看作职业知识和技能的学习，曲解了大学教育的价值。教师要在专业教学中激发学生的知识好奇心和探索欲，启迪、引导他们认识知识的真正价值在于推动人的完整发展，而不仅仅是发展人的职业生存技能。另一方面，知识的创造和使用是一个涉及道德的问题，不遵循科学精神探索知识、不合乎道德地使用知识，将会对知识创新和社会发展带来损害，也会对个体的职业发展带来恶劣影响。在教学中，教师应该有意识地渗透知识伦理，以及渗透未来相关专业，引导职业道德，使学生拥有正确的知识观，以在未来的职业生活中最大化地展现知识的价值，实现自我的价值。

4.改进大学教师评价体制，推动道德义务的落实

案例中，蔺老师之所以会有"全心投入教学是一种毁灭"的认识或感触，有个人因素，但大学教师评价体制存在的诸多缺陷也难辞其咎。所以，教育道德义务的落实固然需要依靠教师个人，但改进评价制度也是非常必要和重要的。

作为大学教师的两项重要职责和任务，教学与科研本该是相互促进、共同致力于人才培养的，然而目前的教师评价体制侧重科研成果数量的考核，而且科研成果直接与职称评审、奖酬薪金挂钩。这使得教学越来越被挤出教师的视野，轻视教学、不得已应付教学已经成为不少大学教师的工作状态和心态，学生的利益和需求、学生的评价等都让位于争取课题、项目和发表论文等科研工作。

改革教师评价体系是一项艰巨而细致的工程。就引导教师发展正确的职业价值观，履行教书育人职责而言，我们认为，教师评价体系的改革应力

求扭转四种取向。一是扭转教师评价标准单一化的取向，根据不同教师的业务素质、职业发展志向，丰富教师类型的划分，突破单一的科研、教学必须兼顾的倾向，优化教师职业价值的实现机制，让教师在大学教育中找到自身的定位和发展；二是扭转轻视教学的取向，在教师的年度考核、职称评审以及薪酬奖励方面加大对教师教学工作的考核，注重学生对教师课堂教学的评价；三是扭转科研数量化的取向，以科研成果的质量为主要衡量标准，同时建立科学的科研成果鉴定标准、组织和机制，包括建立基于学科特征的科研成果评价标准和体制；四是扭转科研考核短期化的取向，适度放宽科研考核的周期，尊重不同科学研究产出的规律，推动教师脚踏实地、严谨治学风气的形成。

拓展阅读

教授的责任

今天是本校本学年开始上课的第一天，新旧教授及新旧同学到校不久。今天藉行开学礼的机会，使师生们大学聚会见面，同时各同学可以领略各位教授的教言，这是我们最可欢欣的事。本校在过去一年间，正值国难临头、风云紧急的时期，但国势虽如此危亟，本校校务、功课各方面，均尚能照常进行，未因时局关系，而致稍有停滞，此诚值得我们庆幸自慰的。至于本学年未来之一年中，能否仍照这样安安静静的

读书，此时自不可知，此后惟有大家在校一天，各人本其职务上应当做的事，努力尽其责任而已。

本校今年收录新生之多，为历年所未有。各地学校或受时局影响，或缘特殊原因，使一般青年求学问题发生困难。故今年投考本校者，亦较前激增。本校尽力之所及，特别增加名额，俾多于外间同学一求学机会。现在新同学，竟占全体学生三分之一，其中因素因习惯不同，以及所受训习之各异，在团体中难免不有参差不齐之处，希望新旧两方面融合起来，共同保持清华以往的良好的学风。我们也相信清华也有很多应行改良之处，我们亦要设法纠正，其固有之优点，大家亦要爱护保持。

园内生活之安适，读书研究之便利，大可闭起园门，埋首用功，不必再问外事。但大学不要因自己环境之舒适，而忘怀园外的情形。在中国今日状况之下，除安心读书外，还要时时注意到国家的危难。吾们如果要像欧洲中世纪僧院的办法，是绝对做不到的。但我们要纾难救国，不必专以开会宣传为已尽其责。宣传效果之如何，是大家所共知的。我们应该从事实上研究怎样可以得到切实有效的方法，帮助国家做种种建设的事业。这样才可能把学问做活了。我们的学生将来才成社会上真有用的人才。凡一校精神所在，不仅仅在建筑设备方面之增加，而实在教授之得人。本校得有请好教授之机会，故能多聘好教授来校。这是我们非常可幸的事。从前我曾改易《四书》中两语："所谓大学者，非谓有大楼之谓也，有大师之谓也。"现在吾还是这样想，因为吾认为教授责任不尽在指导学生如何读书，如何研究学问。凡能领学生做学问的教授，必能指导学生如何做人，因为求学与做人是两相关联的。凡能真诚努力做学问的，他们做人亦必不取巧，不偷懒，不作伪，故其学问事业终有成就。

（梅贻琦校长1932年在清华大学开学典礼上的讲话，本文略有删节）

专题三　怎能忘记传道、授业、解惑

——教学责任的践行

她的课为何受学生喜爱

　　图片中的人，大家一定不陌生，她就是复旦大学社会科学基础部的陈果老师。2010年夏天，她因上课视频被学生无意传到网上而走红网络，随后中央广播电台·中国之声《新闻纵横》节目采访了她，央视《开讲啦》也邀请她做客。

　　在大学中，不论是老师还是学生都知道，公共基础必修课中的政治理论课是最不好上的，其中"思想道德修养与法律基础"恐怕更不太受学生"待见"，尤其是思想道德修养部分。或许因为从小以来就被大道理宣讲式的无趣思想品德教育包围，中国的大学生对"思想道德修养"有着本能的抵触。陈果负责讲授的就是这门课。然而，她却把这门课上得有声有色，受到学生的欢迎。据说她的课堂总是爆满，通常晚上6点半开始的课，学生提早半小时左右去，前排的位置就已被占没了。在复旦大学，学生们更是亲切地称这位刚刚博士毕业没多久的"80后"教师为"模特姐姐"，因为陈果在上学期间曾兼职做过模特。

　　被传到网络上的两段上课视频被网友整理为"孤独和寂寞"和"关于

爱情"，网友还将陈果的讲课内容整理成"陈果语录"，它们受到学生和网友的盛赞。很多学生说："陈果老师给人感觉一点都不张扬，可是却能品出许多人生的'大道理'，她的一些感悟、观点令我们很受用。"一名大学毕业5年的网友感慨："大学时，我觉得上这种课是一种煎熬，经常听得昏昏欲睡，但陈老师上得文采飞扬同时又言之有物，就像一碗'心灵鸡汤'，让人内心温暖而丰富。"有人甚至羡慕地说："老师把课讲得那么美，当她的学生一定很幸福。"确实，陈果的那些看似简单平白的语句却紧紧地扣住了现代人的心。比如她说："朋友是奢侈品，奢侈的东西都是不实用的东西。这种东西拥有了就该满足。因为，它除了友情，什么也不能给你。""什么是寂寞？寂寞是一种病，是一种精神的饥饿。既然是病，就需要治疗。寂寞的人如何找到治疗的方法？方法就是人群，寂寞的人总是需要他人的陪伴。"

或许是模特的经历让陈果老师在课堂上神采飞扬、教态怡人，或许是多年的教育经历让她思维流畅、出口成章，也或许是她的专业修养令她对爱情、孤独的理解平易近人、唤起共鸣。总之，陈果老师走红了。

大学的良心——
高校教师师德案例读本

以责任撑起课堂

　　教书本是教师的天职和责任，但是近年来，很多大学生发现安心上课的老师越来越少了，能把课上好的老师更少了。陈果老师的走红，让学生欣喜高校中仍然有课上得非常精彩的教师。那么，学生为什么如此喜爱她的课？

　　上过陈果课的学生和观看了她的视频的网友，都有一个共同的感受：陈老师的课生动、不死板。就像有学生说的："陈果老师上课的气氛很好，她从不说教，却留给学生很大的思考空间。"这是因为陈果善于把抽象、空泛的理论知识转化成符合学生心理和贴近现实的话语，那些"陈果语录"记录的就是她关于爱情、孤独和寂寞的生动理解和表达，所以它们听起来非常有味道，非常贴心。比如，她对"朋友"给出了这样的理解："朋友应该是无用的（这里的'用'指利用）。和他在一起的时候就会感到自由自在。执手相看无语，却心事了然。""真正的朋友之间不是常联系也没有关系，隔上两三年，电话那头的人好像从来没有离开过。需要经常联系才能维护的所谓'友情'是不牢靠的，因为一旦不联系，他们会断（从来也不会想起，永远也不会忘记）。"[①]这些话语真真实实地切中了当今社会中人际关系功利化、疏离化的残酷现实，所以容易激起学生的共鸣，容易引发他们的关注和聆听。

---

① 见《复旦女教师走红网络　模特姐姐优雅讲孤独寂寞》，来源于东方网，2010 年 7 月 7 日。

在课堂上，陈果老师也善于举例，通过生动的例子层层剖析，使学生深入理解。比如在讲解爱情的话题时，她分析了几组容易混淆的概念：爱与被爱、爱的对象与爱的能力、激情与爱情、性与爱情等。其中在讲解"激情与爱情"时，她生动形象地例举了大学生熟知的爱情产生过程，也分析了爱情电影的惯常表达手法，借助这些准确地展现了激情与爱情的不同。

陈果老师的课堂是生动的。生动并不在于形式的花哨，而在于有思想，有共鸣。学生喜欢她的课，她在课堂上也总是给人一种神采飞扬的感觉。

生动的课堂让陈果老师走红了，这不禁又引出了另一个问题——是什么让她创造了如此生动的课堂？或许人们认为是她的个人魅力、她的学识、她的教学能力，从她的课堂中我们可以"读"到很多。但这背后一定还有更深层的东西。有一点恐怕谁都无法否认，这就是她对教学的尽心态度，对教学的一份责任心。没有这份责任心，前面的诸多内容都将是摆设或根本无法展现出来。

责任，说到底是一个人做好自己分内的事。所谓"分内"，就是一个人担负的角色。有什么样的角色，就意味着要承担什么样的责任。教师的职责是教书育人，尽心教学自然是教师的分内之事。陈果老师生动课堂的背后正是她对教学的这份责任，一种对教学的热爱与用心投入。在陈果被问及她的语录中提到的那些基本的做人道理，

> 作为特定的人，现实的人，你就有规定，就有使命，就有任务，至于你是否认识到这一点，那都是无所谓的。
>
> ——［德］马克思

是与她平时的阅读、人生经历有关，还是与很用心的准备有关时，她给出的第一个答案是——用心准备。她说："用心准备是必需的，因为学生实

在是不好糊弄的，他们很聪明的，他们的聪明超出我的估计。你要认真对待他们，你必须得认真对待自己的每一次备课，我觉得低估别人其实是对自己人格上的贬低。"① "低估别人其实是对自己人格上的贬低"，这句话怎能不让人们感受到她对工作、对职业的重视和责任？正是基于这种信念，陈果每次上课之前都精心地准备，阅读很多相关的书籍，收集大量文献，而且还会跑到复旦其他老师的课堂上当"旁听生"，跟着前辈学习，从前辈那里汲取养分，消化、理解、整理后，再讲给学生们。如此精心、尽心的准备怎能不换来学生的认同和喜爱？这些都浓缩在了她生动的授课内容和方式中，也都是学生能感知到的。

因为责任，教学对陈果来说不是一项不得已的应付式的任务，而成为一种享受。就像她自己所说的："与其说我在帮学生梳理问题，不如说我是在帮自己梳理问题的同时拿我的问题去对应学生的问题，然后进行一下分享。"② 在她看来，"思想道德修养与法律基础"这门课程中的很多东西不仅与学生有关，更与自己有关，因为这门课是有关人怎样过一种生活、如何对待生活的，能参透其中的道理，就能给生活一种合理的解释，能说服自己就能说服他人。于是，"思想道德修养"课在她的课堂上变成了一种令人沉浸其中的人生境界课，而不是一种令人昏昏欲睡的政治说教课。

---

① 见《乏味思修变"心灵鸡汤" 陈果：我只低调上课》，来源于中国广播网，2010 年 7 月 8 日。
② 见《"复旦于丹"走红网络 乏味"思修"课变身"心灵鸡汤"》，来源于中国广播网，2010 年 7 月 8 日。

教学责任失落之后的危险

在接受中国之声采访时，陈果说："我其实就是想专心做好本职的事情，快乐地做点事情，自己快乐也让别人快乐就可以了。"的确，上好课是教师要专心做好的本职事情，在陈果看来这是一件快乐的、幸福的事，然而这项本职工作在今天对很多教师而言已经变得有些艰难了。在某种意义上，陈果老师的走红恰恰暴露了当今大学教师不令人满意的教学状态——教学责任慢慢被遗忘。

不知从何时起，对很多大学老师来说，教学就像鸡肋，弃之不得、嚼之无味，上课基本是为了应付不得不被分配的教学任务，并没有太多责任情感的融入。那么，是什么令教师渐渐淡化了教学责任，将教学推向边缘化的地带？毋庸置疑，目前高校不合理的科研体制和风气难辞其咎。一些教师将很多精力和时间花费在科研上，严格说是花费在量化科研成果的产出上。或许一些老师会认为，自己也是受害者，为了科研弱化教学完全是不得已而为之，否则如何完成学校每年规定的科研任务。但这是否经得起推敲，恐怕值得思考。进行科研并不一定就意味着要牺牲教学，本质上科研与教学不是互不两立的，相反应该是相互促进的。这里其实还有一些问题更值得反思：我们在以怎样的心态、目的和方式开展科研？在以何种观念看待科研和教学之间的关系？对教师的职责、教学又有着怎样的认识？这些问题从根本上关乎一个大学教师对自身学者和师者角色的合理定位与实现，暗含着他们的观念甚至信仰。没有对这些问题的正确认识，科研任务的紧逼势必会引发教学责任失落的危险。

一旦教师丢失了教学责任，受害的无疑是学生，还有我们的国家。这不仅仅是因为教师诸多不负责任的小行为，更在于教师如果失去教学责任，教学将失去走向卓越的重要保证。这是对教学存在价值的最大侵蚀。

教学的根本价值在于推动学生获得最大化的发展，教学只有不断改进提升、不断走向卓越，才能确保价值的实现。然而，什么是卓越的教学，如何才能走向卓越的教学，却是非常艰深的话题。但至少有一点是肯定的，教学不仅仅是一门技能之学，卓越的教学不止于教学技能的改进。人类历史上，教育的每一次变革都是一次澄明——一次向本真、卓越的澄明和靠近，因为教育世界中总是充满了各种良莠不齐的观念、取向。在今天功利化、浮躁化的教育氛围中，追求教学的卓越，更加需要教师有高度的教学责任。如果没有教学责任，教师将失去对教育使命、教学价值的正确认识；如果没有教学责任，教师将失去分辨教育曲直的能力，失去对教学的理性思考和对合理教学的坚守；如果没有教学责任，教师将失去敏锐的慧眼，失去不断革新的意识。德国著名思想家雅斯贝尔斯曾说："教育须有信仰，没有信仰就不能成其为教育，而只是教学的技术而已。"[1]教育的信仰，一定来自对教育的负责，因为有了责任，教师才会有对教育、教学的真、善、美的探问与追求。

忘却教学责任也会给教师自身的发展和职业生活带来隐患。如果失去教学责任，教师将缺乏积极从教的热情和执著信念。教师可以因为喜爱教师工作、喜爱教学而积极从教，但缺乏理性认知基础的情感是不牢固的，往往经

---

①［德］雅斯贝尔斯.什么是教育［M］.邹进，译.北京：生活·读书·新知三联书店，1991：44.

不起时间和各种艰难之事的打磨，何况教师工作还存在很多不如意之处。教学责任是教师基于对教师角色、教学使命和价值的认知而产生的对教学工作的自觉确认与担当。建立在责任之上的喜爱之情，不仅能激发更大的教育热情，而且能使教育热情拥有信念基础，这一信念将推动教师在教学之路上坚毅地面对各种不顺心之事。有了热情和信念，教学就有了精神性，就有了灵魂，教师和学生之间发生的就不仅仅是知识符号的传递，而是雅斯贝尔斯所说的"人对人的主体间灵肉交流活动（尤其是老一代对年轻一代）"①。

如果失去教学责任，教师的教学信心或教学效能感将受到打击。在好的教学中，不仅学生会受益，教师也会受益，正所谓教学相长。对教师而言，最明显、最直接的受益就是教师在教学过程中获得愉悦的体验。很多老师或许都有过这样的经历：一次课结束后，如果你感到心中舒畅，感到依然充满能量，你会非常期待下一次课的到来；但是如果一次课结束后，你感到低落、无趣、没有意思，那么你肯定会不情愿上下一次课。当教学变成一种负担，一种煎熬，一种毫无乐趣的事情，教师还会饱含对教学的热情和激情吗？还会有更大的教学自信吗？缺乏教学责任，不能尽心教学，无法收获教学的喜悦感和成就感，教学的效能感自然会受到冲击。

如果失去教学责任，教师还将面临师德失范的危险，其尊严与威信将受损。今天，很多学生抱怨老师敷衍了事、不能静心上课。一些教师在课堂上提不起精神，缺乏激情；一些教师对授课内容没有达到完全熟悉的程度，准备不充分；一些教师在课堂上更是离题太远，胡扯闲聊，对课程内容要么讲解较少，要么肤浅地应付；还有一些教师忙于其他事务无心顾及教学，经常让自己的研究生代课。一些学生也发现，教师在指导学生上耐心不足，尽心

---

① ［德］雅斯贝尔斯. 什么是教育［M］. 邹进，译. 北京：生活·读书·新知三联书店，1991：3.

不够。这些都是师德失范的信号，长此以往，教师必将会出现教学上的失德问题，必然会引发学生的强烈不满，尤其会导致教学质量的下滑。

　　大学教学具有专业性，培养学有专长的人是大学的宗旨。对教学负责，就是对学生负责，它体现了大学教师对学生的基本关爱之情，也体现了大学教育的基本良心。重拾教学责任，积极践行教学责任，是教师为师的基本师德要求。

教学责任在哪里

责任是"行为主体对在特定社会关系中任务的自由确认和自觉服从"。[①]
简言之，教学责任就是教师在教育世界中对所应承担的教学任务的自由确认
和自觉服从。传道、授业、解惑，是教师的基本职责，也是教学的基本任
务。努力做到传道、授业、解惑，某种意义上就是尽教学之责。但是如何做
到并做好传道、授业、解惑，却不是一件简单之事。从这一点看，教师的教
学责任又远不止这么简单。

1.将学生的发展装在心中

教育是一项基于人、面向人、发展人的社会实践活动，教育的道德性或
善性首要地体现在对"人"的观照上。诚如美国学者布朗（Les Brown）在
分析教育的道德性时指出的："它（指教育）是道德的，因为作为一个持续
不断的活动，它包含着对他人利益的实践关怀。"[②] 所以，传道、授业、解惑
之中蕴含的是教师对学生发展的关切之心，这是教学责任的首要体现。对大

---

① 程东峰.责任论［M］.北京：中国林业出版社，1994：15.

② Les Brown. Justice Morality and Education: A New Focus in Ethics in Education［M］. The Macmillan
Press, Ltd. 1985: 70.

学教师而言，这更体现为对学生学业成长的关心，也寄托了大学生对大学教育的最基本期待和信任。

今天，面对学生对教师不佳教学状态的抱怨和指责，一些教师认为这是高校学生规模扩大、教师科研任务加大以及各种校外事务增多带来的。不可否认，这些确实是非常重要的诱因，但恐怕不是根本性的。真正的原因在于，在这些外在诱因的冲击下，一些教师滋生了不良认识，比如认为教学是一件费力不讨好的工作，学生的学业发展不是任何单个教师的事情；学生的自主学习意识越来越差，是他们不愿意学，而不仅仅是教师不愿意教——说到底，学生的学业发展不再是教师关心的事。反之，陈果老师的课得到学生的喜爱和赞赏，能说仅仅是因为轻松而富有哲理的课堂吗？难道学生在这背后没有感触到一位老师对教学的投入，对他们学习的负责吗？

担起教学责任，教师一定心系学生的发展。这样的老师有深刻的教师意识，深知自身的教学付出对学生成长的重要意义；这样的老师在复杂的教育背景中，在各种干扰教学的诱因中仍能认真教学，一丝不苟；这样的老师愿意为学生的发展尽心用力，积极传道、授业、解惑。

拓展阅读

胡适的"三味药"

1960 年 6 月 18 日胡适应邀在台南成功大学毕业典礼上发表演讲，演讲的题目是《一个防身药方的三味药》。胡适说，他大学毕业在四十六年前，够得上做你们的老大哥了，今天我以老大哥的资格，送你们一点小礼物。这小礼物便是一个防身用的药方，给你们离开学校，进入社会这个大世界，作随时防身救急之用。

这个防身药方只有三味药。第一味药是"问题丹"。胡适希望每个同学离开学校，不忘带上一两个麻烦而有趣的问题在身边作伴，这是同学们入世的第一要紧的救命宝丹。他认为，这对同学们离校后继续努力学习很有帮助。因为，只要有问题跟着你，日夜困扰你，你就不会懒惰了，这样你也就会继续有知识上的长进了。

第二味药叫作"兴趣散"。胡适说，每个人进入社会后，总得多发展一点专门职业以外的兴趣——"业余"的兴趣。"一个人应该有他的职业，又应该有他的非职业的玩意儿。不是为吃饭而是心里喜欢做的——这种非职业的玩意儿，可以使他的生活更有趣，更快乐，更有意思，有时候，一个人的业余活动也许比他的职业更重要。"胡适举了英国大政治家丘吉尔的例子。丘吉尔在二次大战期间担任英国首相，政治是他终身的职业，但他的业余兴趣很广泛，在文学、历史两方面都很有成就，他油画成绩也很好。丘吉尔在《我与绘画的缘分》一文中这样写道："买一盒颜料，尝试一下吧……在每个平凡景色中都能享有一种额外的兴味，使每个空闲的钟点都很充实，都是一次充满了消魂荡魄般发现的无休止的航行。"由服用"兴趣散"而带来的这种生活，不是很令人向往的吗？

第三味药胡适称之为"信心汤"。他说，你总得有一点信心。我们的信心只有一句话："努力不会白费"，没有一点努力是没有结果的，正如古人所说："功不唐捐"（唐是空的意思）。胡适要同学们向亨利·福特学习。亨利·福特没有受过大学教育，小时候半工半读，只读了几年书，十六岁就在一家小机器厂里做工。但他凭着创业的自信，在三十九岁时创立了福特汽车公司，又经过二十多年的奋斗，福特汽车公司成为全世

大学的良心——
高校教师师德案例读本

界最大的汽车公司了。亨利·福特的成功，充分说明"信心汤"对于人一生的事业有多么的重要！人在任何时候都应该满怀信心地去开创自己全新的事业，"苔花如米小，也学牡丹开"（袁枚），有了这样的自信，何愁铁杵不能磨成绣花针。

胡适的"三味药"是他风雨一生的经验之谈。虽然他是针对临毕业的大学生谈的，但对大学生以外的人们也不无启迪。有了这"三味药"，人的一生将不但永葆张力和自信，而且充满活力和乐趣。胡适的"三味药"，确实不失为防身救急的良方了。

（摘自台北某报纸）

心中装着学生的发展，还表现为教师严肃地对待学生的不良学习表现。一些教师或许自夸能泰然自若地对待学生在课堂上的任何不良表现，如昏头大睡、窃窃私语、公然逃课、沉迷手机等。或许这真的是一种不错的心理素质，但是它显然是有害于教学的。教师要有宽容之心，但不能有纵容之意，对学生的不良行为不闻不问，恰恰是教师不负责任的一种表现。因此，教师应该对学生的不良学习表现及时提出批评，并给予积极的引导。

2. 坚持正确的取向，最大化地实现教学的价值

学校教学是应对人类需要产生的一种实践活动，它的存在和发展有其理由和价值，传道、授业、解惑正是实现教学价值的基本途径。从这一意义上说，教师履行教学责任，做好传道、授业、解惑，就是要最大限度地实现教学的价值，即推动个体生命的自主发展以及社会的进步。但问题在于，如

何确保教学的价值真正符合个体和社会的发展需要？这就需要教师有正确的教学取向。忽视这一点，教学的效果就有可能南辕北辙，责任也会大打折扣，甚至越是负责任恰恰却越有可能伤害教学和学生。在这个意义上，担起教学责任的大学教师，一定深知教学的应有价值取向或定位，换句话说，他知道怎样才能走向好的教学。

> 大学就是高等教育，而不是别的东西，其所有水平上的活动都应该具有理智性的特征。
>
> ——［美］罗伯特·M·赫钦斯

大学教学有别于中小学教学，它以专业学习为基础，以引导学生发现真理、探索真理为己任。这源于大学的独特品格和特质，也就是大学精神。大学精神注定了大学教学独特的伦理取向——理性精神。同时，人的发展是教学的根本旨归，自然人道主义精神也是不可或缺的。因此，担起教学责任，意味着教师坚持人道主义和理性的教学伦理精神，努力确保教学的正确方向和教学价值的实现。

坚持人道主义教学精神，教师在教学中要遵循以人为本的理念，尊重学生的学习需要，尊重其个性和主体性，尊重学生的学习自由与权利。一句话，通过教学，教师要培养学生成为"全面和谐发展的人"——这样的人是知识、能力与人格全面发展的人，是追求精神丰满的人，尤其具有人道主义精神，即具有一定的人文素养，对人的价值、生存意义等人生命题怀有正确的认识，对他人、

> 真正的大学精神，也就是纯粹为了研究对象而研究的精神，大学统一的原则是为真理而追求真理。
>
> ——［美］罗伯特·M·赫钦斯

社会和世界具有实践关怀的热情、责任与能力。

教学的理性精神表现为学术追求精神与批判精神。学术追求精神是一种以向往和崇敬之心对待学术研究的精神，也就是一种为学术而学术的精神。要坚持学术追求精神，教师就应该对自己所教学科知识的真理性深信不疑、崇敬不已，相信所传授学科知识的价值，严谨治学，精益求精，不胡乱捏造，不妄下结论。教师要将教学建立在他人和自己的相关研究之上，为学生提供最基本的学科知识和最新的发展成果，同时尊重其他领域的知识及其价值，尊重他人的研究。教师要积极发挥教学自由，行使在教学过程中所享有的一系列权利，如制定教学内容、选择教材和教学方法的权利，展开教学评价的权利等，以及在教学活动中所追求的一种自主思想或行为状态。①

坚持教学的批判精神，要求教师能够根据大学精神调整教学目标，理性地选择教学内容或课程，审视和批判不良的教育教学观念和行为，保持教学的学术性；理性地审视、批判社会上的不良思想观念与行为，有意识地进行价值引导和渗透，保持教学的教育性。

3. 自觉进行教学创新

人是发展的，社会是发展的，教育包括教学也必须不断发展。发展，意味着不断追求完善与卓越。"卓越"，意味着拒绝一成不变，拒绝僵化，需要创新。只有自觉创新，才能满足学生的发展所需，才能提升教学，最大化地实现其价值；只有自觉创新，教师才能保持对教学的热情、好奇和兴致，防止教学倦怠的出现。所以，一位负责任的、心系学生发展的教师，一定是一位愿意并积极尝试教学革新的教师。

---

① 石中英. 教育哲学导论［M］. 北京：北京师范大学出版社，2002：278.

自觉进行教学创新，意味着老师总是积极关注所教课程或学科的最新研究成果、发展动态，愿意更新课程结构，充实课程内容，也会经常将自己的研究成果、思想观点等融入课程中；积极关注教学理念和方法的出现，反思教学存在的问题，积极接受新的教学理念，敢于尝试新的教学方法；总是有意识地了解学生学习所需，及时思考、调整教学思路，更新教学方式，尤其特别愿意调动学生参与课堂，创造师生间的交流与讨论。

4.关注教师专业素养的提升

在心理结构上，道德表现为一种意识、情感，也表现为一种行为。行为，意味着一种道德行动能力。日常生活中，"好心办坏事"的情形说的正是缺乏道德行动能力的问题。同样，师德也是一种能力，而且是一种教师专业能力或素养。作为老师，有尽心教学的意愿、意识固然重要，但如果缺乏学识素养和教育专业素养，将很难落实责任之心。在陈果老师的课堂上，学生们领略到的那些深入浅出的如同"心灵鸡汤"的内容，聆听到的精彩讲解和案例分析，无不与她的专业学识和教学能力有关。缺少任何一个，课堂都会逊色。所以，一个有教学责任心的教师，就不可能不关注自身专业素养的提升。事实上，只有自觉提升教师专业素养，一个教师才能积极地实现教学的价值，推动教学不断走向卓越，才能最终实现对学生发展的关心。

在一般意义上，教师的专业素养从结构上可以分为师德素养、知识素养、能力素养和个性品质素养。由于大学教师师者和学者的双重角色和身份，这里我们粗略地将大学教师的专业素养分为专业学识素养和教育素养，其中的教育素养是一个较大的范畴，涵盖师德素养、教育知识和能力、个性品质等。为担负教学责任，大学教师既要努力提升自身的专业学识素养，也要关注教育素养的提升。

自觉提升专业学识素养，或许对很多大学教师而言并不是一件难事，因为有科研的带动。但在教学责任的维度上，教师还需要坚守"对真理负责"、"对学生发展负责"的态度，尽可能地将自己的专业学识融入到对教学的思考和设计中。

相比于专业学识素养的提升，教师更应该自觉、主动地关注教育素养的提升。在我国，由于高校教师培养机制的欠缺，一些教师对教职存在某些不良的认识，如认为大学教师靠学科专业知识就足以胜任教学工作，教学不过是一个熟能生巧的过程，大学教师无需什么教育专业的培训等。这些陈旧、错误的观念不仅阻碍了教师教学责任的落实，更影响了教学质量的提升。关注教育素养的提升，要求教师首先需要打破这些狭隘的观念，坚定师者的角色和职责，并积极了解、获取一些教育知识与能力，增强自身的教学魅力。其次，教师要努力通过各种途径更新、完善教育专业的知识、能力以及师德素养。

解困教学责任

　　教学本是教师的一项基础工作，但是在今天却面临了很多挑战：有高等教育大众化发展的挑战，有量化科研体制的冲击，有物质利益诱惑的干扰，也有来自学生个性和需求多样化的挑战。践行教学责任，尽心于教学，需要教师作出更多的努力。

1. 正确处理教学投入与科研投入之间的矛盾

　　必须承认，今天很多高校教师不同程度地存在轻视教学的心理，最大的诱因就是科研。一则科研任务不断加大，二则科研产生的连锁回报如奖金、职称等更具有诱惑力。教学投入与科研投入之间出现了不对称。解决二者之间的矛盾，需要高校诸多制度的改革，但在体制尚需完善的教育处境中，教师还应该积极作出自身的调整。

　　一方面，教师要合理认识教学与科研之间的关系。很多教师认为教学与科研是相互干扰的，一方投入得多必然另一方投入得就少。这是事实，但这种认识背后不免隐藏了一种功利化的科研观念：追求科研成果的高效产出。事实上，教学与科研不是对立的，而是相互激发、相互促进的。大学教学具有研究性，也就是大学教学必须建立在教师的科学研究之上，这样教学才能在知识传授的基础上做到启迪思想、激发智慧。科研能推动教学的深化，激发学生能力的发展。同时，教学对科研也具有激励意义。首先，教学是教师的研究发现与心得获得传播、分享的最便捷途径。当教师将他的研究发现或心得融入教学中时，当他与学生去讨论、沟通并形成某种共识时，教师会有一种发自心底的激动之情和喜悦之感，因为在这一过程中他的研究发现获得了再次确证。这对教师的研究信心和勇气而言是一种莫大的鼓舞和激励。其次，教学是激发教师产生研究思考的一个重要平台。很多教师往往是在准备、讲解课程内容时，在与学生的讨论中，捕捉到研究的很多触角和灵感。因此，高校教师应该摆正科研与教学的关系，既要充分认识科研的教学意义，也要认识教学的科研意义。

另一方面，教师应该以理性平和的心态和积极的态度正确看待、处理好教学投入与科研投入之间的关系。一些教师热衷于、忙于制造论文、发文章、搞课题，要么是因为他们非常急迫地想要搬掉摆在眼前的职称"大山"，要么多少受到了科研背后利益链的影响。这不仅会歪曲科研的价值，也会影响教师的科研体验，进而恶化教学的边缘化境地。为此，高校教师应该理性、平和地看待科研考核、职称评审，不要过于急功近利，而要考虑自身学术生命的长远发展，以充满好奇和惊奇的眼光看待学术研究。同时，教师也要积极投入教学，以行动带动观念的改进，尤其要注意结合教学、利用教学，捕捉研究灵感，避免将二者割裂。

2. 积极教学，感受教学的乐趣

以什么样的心态从事教学，往往会左右教师对教学的感受。在与科研任务竞争的跑道上，如果教师总是抱着敷衍了事的态度从事教学，就会形成恶性循环：越应付教学，教学就会越缺乏乐趣，教师就越不愿意投入教学。积极投入教学，感受教学的乐趣，是推动责任落实的重要动力。

积极教学，教师首先要克服狭隘的教学责任观，不把承担教学责任简单地等同于完成学校规定的教学任务，凑够教学工作量；不只是按时上课，不迟到，不早退，按要求布置学生作业、批改作业。严格来说，这并不是教学责任，仅是教学义务。义务与责任有关，但又不完全相同。义务往往来自外在的要求，而责任是对义务的自觉内化和践行，它受到个体内在认识和情感的驱使。抱着完成学校规定的教学任务或者免于承担教学事故风险的心理开展教学，绝不是一个有责任心的老师的表现。

积极教学，教师要认真对待教学，认真对待课程，认真备课，认真上好每一堂课。很多教师在刚入职的头两三年通常都会认真备课，但是一旦变得轻车熟路后就会出现松懈心理，不但花在备课上的时间越来越少，而且完全"钟情于"已有的课程内容和教授方式。这是一种"偷懒"，更是一种对责任的松懈。积极教学，教师就不能止于对课程内容的熟悉，更要积极思考和设计课程内容的结构，深入理解和精心加工课程内容，了解、把握学生的学习需求，设计多样化的教学活动等。只有这样，学生才不会抱怨教师所讲的内容脱离实际、课堂气氛沉闷。

拓展阅读

精心写讲义

鲁迅先生对教学工作十分严肃认真。他教授的课程都是自己编好讲义，预先发给学生。他为了编好讲义，总要查阅大量书籍，尽量找到第一手材料，把所讲的问题搞得清清楚楚，从不含糊其辞。鲁迅研究小说史，为了编写《中国小说史略》这本教材，他走遍了京师图书馆、通俗图书馆、教育部图书室等，查阅了上千种原始资料，做了详细的笔记，有时为了一个字的不同，要考察好几个版本。

鲁迅先生看书，并不迷信于古版珍本，但凡是能够找到的书，他都要找来查阅比较，以辨清事实的真伪，他住在绍兴会馆补树书屋和八道湾时，炕上炕下满屋子都堆满了小说和碑帖。正是这样辛勤的劳动，才换来了高质量的教材和教学效果。

（摘自《师德养成读本》，陈孔国主编，湖南大学出版社，2010年版第70页）

只有带给人积极体验的事，才会被继续做下去，才会被做得有声有色。因此，在教学中教师还要善于捕捉、感受教学的乐趣。这需要教师充分地融入课堂。教师要将课堂看成学术思想的分享舞台，将教学过程看作学术生命的绽放和延续之旅。在课堂上，教师要尽量充满激情，尽情挥洒思想，留意学生的注目和倾听，关注学生出现的新认识或新想法，把握一切机会创造师生交流、讨论的平台。当教师沉浸于教学中、享受到教学之趣时，他会不由自主地生发更大的教学热情与激情，教学责任在无形中就被推进了。所以，乐于教学，既是推动教学责任落实的有效方式之一，也是教学责任的充分表现之一。

3. 以多种方式增强教学的探究性

随着大众化阶段的开启，高等教育逐渐由"求真"转向"求用"，人们越来越期待通过高等教育提升自身的职业生存能力，追求知识的志趣慢慢退居其次。随之，教学的学术旨趣有所消减，职业取向逐渐凸显。大学教学关照学生的职业发展需求并不为过，但不能据此挤压甚至拒斥教学的学术性，因为大学是激发知识探索欲、展开真理探索的领地，传承、探索和创新知识始终是大学不变的宗旨和特征。因此，不论是践行传道、授业、解惑之责，还是坚守伦理精神、努力实现大学教学的价值，在实践中都聚焦到一点上，这就是增强教学的探究性。

增强教学的探究性，教师要尽量使学生产生知识的好奇心。为此，教师不仅要融会贯通地大量展现知识的图景，更要有意识地渗入理论知识甚至是高深理论知识的讲解和分析，而且在展现知识实用价值的同时，要注重展现知识的目的性价值，也就是对

> 职业主义会导致浅薄和孤立。它贬低了课程和教职人员的价值。它剥夺了大学唯一的生存理由，即在不受功利或"结果"的压力牵制的情况下，为追求真理提供一个天堂……时代精神不利于对那些似乎远离日常生活的事情进行长远和平静的研究；它实际上也不利于对更接近日常生活的对象进行客观和公正的研究。
>
> ——［美］罗伯特·M·赫钦斯

人的思维方式、思想观念、处世之道等方面的意义，积极展现学科知识发展的脉络和存有疑惑的地方，让学生感受知识的神奇，了解知识发现和创造的方式及过程，激发他们的好奇心和求知欲。此外，教师还应该及时地把最新的学术研究成果、动态和自己的研究成果与心得融入到课堂教学中。可以说，只有真正对知识、真理有所发现、有所体悟的教师才能使课堂充满好奇，才能带领学生走进知识、思想的圣殿。

教师也要积极为学生创造自主探究性学习的机会。我国的大学课堂习惯了教师讲、学生听的模式，这种模式固然可以为学生进行基本的知识铺垫，但在很大程度上也会阻碍学生自

> 最好的研究者才是最优良的教师。只有这样的研究者才能带领人们接触真正的求知过程，乃至于科学的精神。只有他才是活学问的本身，跟他来往之后，科学的本来面目才得以呈现。通过他的循循善诱，在学生心中引发出同样的动机。只有自己从事研究的人才有东西教别人，而一般教书匠只能传授僵硬的东西。
>
> ——［德］雅斯贝尔斯

主探究意识的发展。当前，翻转课堂教学理念和模式的出现，给大学课堂提供了新的契机。借助这种理念，老师可以尝试将要讲的内容先布置给学生，由学生在课下借助各种资源进行思考和学习，然后教师和学生在课堂上共同围绕主题展开讨论、分析，教师对学生的问题进行解答，对重难点进行总结。总之，为了激发学生的探究意识，教师应当尝试突破那种"讲—听"式的单向教学模式，积极设计、尝试各种能调动学生进行自主探究学习的活动。当然，这需要教师保持教学过程的开放性、包容性，允许学生对所学或所讲内容发表看法，鼓励学生开展讨论、质疑、分析和重构。

拓展阅读

翻转课堂

翻转课堂（"Flipped Classroom"或"Inverted Classroom"），指重新

新调整课堂内外的时间，将学习的决定权从教师转移给学生。在这种教学模式下，教师不再占用课堂的时间来讲授知识，知识的学习需要学生在课下通过观看教师制作的视频，或者与同学在网络上讨论，查阅需要的材料等来完成。在课堂上，教师主要与学生就学习的内容进行互动，包括答疑解惑、知识的运用。在这种模式下，学生实现了课后自主规划学习内容、学习节奏、风格和呈现知识的方式，教师则通过课堂上与学生共同研究问题、解答问题来满足学生的需要，促成他们的个性化学习。

（资料来源于网络）

4.自觉反思，主动学习

教育具有复杂性，教师的工作不免也带有一定的重复性。所以，不论是辨识教育的方向，还是增强从教的信心和使命感，都需要教师保有清醒的头脑。这就需要反思。反思是发现问题、开始创新的第一步。增强教学责任的落实，教师必须自觉反思。平日里，教师应该有意识地留心、关注国家推出的有关大学教育教学改革的一些举措，思考、把握大学教学改革的发展趋向，反思自身的教学理念和方式。在日常教学中，教师要注意与学生沟通，在了解其学习所需的情况下思考课程设计、教学过程存在的问题。

在反思的基础上，教师要主动地学习，以提升教育素养。教师可以通过自主学习补充一些教育学知识，如高等教育学、大学教学论、青年心理学、人际关系学等知识；可以与有经验的教师或优秀教师交流、讨论，获得一些教学心得，解决一些教学困惑，增强教学组织能力、协调能力、沟通能力等；可以阅读一些有关大学发展、大学校长的经典书籍，感受榜样的熏陶，增强对教师"教书育人"职业使命和教学职责的领悟；也可以主动与学生沟通，了解他们对教学的需求、对课堂的期待。

拓展阅读

躬耕教学　终生为师

"我一生最欣慰的是，我的名字排在教师的行列里，如果再让我选择一次，我还会选择教师这个职业。"2014年，厦门大学有着79载教龄的潘懋元教授，在94岁高龄时成为"全国教书育人楷模"。

潘懋元教授主要研究高等教育，被誉为"中国高教界一代宗师"、"我国高等教育学科的倡建者和奠基人"——1983年出版了《高等教育学讲座》，为第一本《高等教育学》的诞生和中国高等教育学学科的建立奠定了坚实的基础；1984年出版的第一部《高等教育学》，标志着一门新学科"高等教育学"的诞生。

但是对于潘懋元教授来说，与"一代宗师"的称谓相比，他更偏爱"人民教师"。他一生简单，唯教书为其大爱。15岁开始从教，至今已80年。他常说："我对物质生活已经无所求，唯求得天下英才而育之。"

早在20世纪50年代，潘懋元教授就意识到："不能把大学生当成小学生、中学生一样来教育"，大学必须要有自己的教育理论。他倡议建立高等教育学新学科，以促进高等教育的改革与提高，为国家建设和发展培养专门人才。

在长期高等教育理论研究和实践的基础上，潘懋元教授探索出一套行之有效的适合研究生学习的教学方法——"学习—研究—教学实践"三位一体的教学法。就是每一门课程都要经过4个环节：首先是总体组织课程，对课程作必要说明，包括修订讲义，拟定讨论话题，说明本门课程的目的、意义和争论之处，并推荐参考书目；其次是从课程中选取几个基础话题进行深入讲解；经过一轮教学后，学生结合一两个重点话题进行自由学习与研究；最后每个人就自己的研究成果在全班进行讲课和答辩，老师对作业进行评定，挖掘学生的优点与潜力。对于学生的作业和成绩评定，潘懋元教授更是亲力亲为。每学期结束，他都要花费近3～4个月的时间完成课程作业的批改。

在学习上，潘懋元教授经常鼓励学生"青出于蓝而胜于蓝"。"我一个人的想法是有限的，只有大家讨论、辩论，才会碰撞出思想的火花。"因此，他总是鼓励学生在学术上展开讨论，允许学生与导师有不同的意见，提倡学术沟通，提倡学术平等。在20世纪80年代中期，潘懋元教授就创设了一种课外学习制度——周末学术沙龙。每周六的晚上，他准时在家里接待他的学生，大家畅所欲言，既谈学问，也谈人生，他家的学术沙龙便成了学生们的精神家园。

在引导学生成长的过程中，潘懋元教授还特别注重学生的思想修养。他常说的一句话是："导师对学生在专业知识上的具体帮助不是最重要的，重要的是方向上的指引、方法上的点拨及人格上的影响。"他一直用自己的身体力行告诉学生"欲为学，先做人"。他也常告诫学生：不能够随声附和，要敢为天下先，要关注现实；要学会包容，提升自己而不是打击别人；同时不要刻意追求"高深"，不要以为写出来的东西别人看不懂就表示你的水平高，要深入浅出、由博返约……

作为教师，"传道、授业、解惑"是天职，但潘懋元先生认为，"在此基础上，还有一个境界，就是发现'人的价值'，发现学生的价值，尊重学生的选择，方能发挥他们的创造力。"潘懋元教授用自己深厚的学识修养、高尚的道德情操、不懈的精神追求实践着这一教育真谛和教师职责。

（摘自《人不下鞍　马不停蹄——记厦门大学教授潘懋元》，来源于中国教育新闻网，2014 年 7 月 3 日；《躬耕教学　终生为师——记厦门大学教授潘懋元》，来源于《经济日报》，2014 年 9 月 9 日）

专题四　始终是老师

——师生相处之道

学生"罢免"了导师

博士是我国的最高学历，报考博士的人在入学前享有一个特殊"待遇"——可以自主选定自己所中意的指导教师即博士生导师。跟随自己选中的导师完成三年的博士学业，是一件再平常不过的事情了。然而，2004年2月，一则发生在华东地区一所高校的博士生导师被自己的博士生联名"罢免"的消息，着实在中国的高等教育界引发了一场大"地震"。

事情的起因是，9名博士生认为他们的导师长时间让他们为法定代表为其夫人的公司做项目，而疏于对他们进行学业的指导，以致他们无法进行真正的研究。事后有媒体调查发现，这家公司确实存在于这所大学的一个办公室中。据其中的一位学生反映：这是一个名副其实的低成本运作公司，它的办公地点、电话都使用学校的教学资源，但实际上根本就与学校不搭界，不过是打着学校的牌子。公司除了几个杂工之外，其他的"雇员"都是这位老师所带的研究生。这几位博士生说，他们老师平日的一项重要工作就是为公司找项目，争取到项目后交给研究生来做，然后每月发给每个学生500元至800元不等的辛苦费，美其名曰为"助学金补贴"。平日里，老师与学生基本上没有什么学术讨论和交流。

起初，这9名博士生联名向学校提出更换导师的要求时，学校方面认为这只不过是学生和老师之间的一般矛盾而已。然而，出乎意料的是，这9名博士研究生后来竟然找到了学校党委书记和校长反映问题，而且态度非常坚决："如果学校不同意更换博士生导师，我们就集体退学。"历经三个月后，最终学校作出决定，同意这9名博士生转到其他导师名下。

一场博士生"罢免"导师的风波就此算是基本平息了。但是，它所引发的思考和暴露出来的问题恐怕还远没有结束。

当老师变成老板

　　上述事件虽然过去了很长时间，但它所暴露出的大学师生关系问题却越来越引起人们的关注。2015年5月一则"研究生控诉导师：我不是你的廉价员工"的帖子在各大网络媒体上转发。"老板还是老师"的质疑再次触发了民众的神经，也在拷问大学教师的师生相处之道。

　　老师和学生是教育世界中的两个主体，在学生眼中老师是教书育人者。但是，在案例中的师生关系上，我们实际看到的却不是"老师"，而是一个"老板"，一个"雇佣"学生为自己"干活"、"打工"，然后发给学生部分补贴的人。如今，用"老板"指代"老师"，在高校中已不是什么新鲜事，它已然公开成为学生对老师的另一种称呼，也意味着另一种角色。这违背了教师的本来角色，也让人们产生了诸多担忧，给教育界带来不可小觑的隐患。

　　当老师变成了老板，学生的发展是否还会受到关心和重视？学生是教师的服务对象，学生的身心健康发展，是教师应该且必须关心的大事，教师一切工作的出发点皆在于此。但是，当老师变成老板，他想到的、看到的首先就不会是学生的学习和发展，而是更关心那些将要交付给他们的任务或工作。在分配任务时，老师往往只管分配任务、提要求，不考虑任务是否符合学生的学习兴趣，是否有助于他们的学习，学生只管摸索着做就行了。如此，学生还能期望获得教师的引导，获得成长和进步吗？

当老师变成了老板，为师的职责是否还能得到积极的践行？教书育人是教师的天职，它需要教师全身心地贡献自己的所知所能。这需要教师高度的自觉、饱满的热情和执著的信念，也需要持续的关注与投入。但是，老板的职责是什么？显然，不是教书育人。没有任何一个职业像教师一样担负着培养人的任务。即便在老师变成了老板后他还能指导学生的专业学习，但他是否还能尽心竭力，是否还能坚守育人的天职？事实上，在老板式的师生关系中，我们往往看到的是教师连基本的指导职责都懈怠了。案例中那几位博士生最终选择更换导师的原因，不就在于老师疏于对他们学业的指导吗？

当老师变成了老板，师生关系是否还能温暖人心？师生关系是发生在教师和学生之间的教育与被教育的关系、指导与被指导的关系。这种关系不夹杂任何利益纠纷与考量，正因此师生关系往往被誉为最纯洁的关系，师生双方也能发展出最真挚、最深厚、最长久的情感。而老板与员工之间是雇用与被雇用的关系，老板总会从自身利益的角度要求员工，衡量员工的表现，这有很强的工作、任务色彩。一旦老师变成老板，老师免不了会用这种态度面对学生，学生甚至会有被教师"绑架"的感觉，毕竟"师命不可违"。正如有学生坦言的，"很愿意在能锻炼自己能力的前提下，主动帮助导师做事，也可以不计较报酬，只是不希望导师以'搞研究'的名义把自己当作赚钱或获取名利的工具。"[1]当学生有了被利用的感觉，他还会与老师畅所欲言，交流、分享思想情感吗？他们之间还会有那种亲切、温暖的感觉吗？

当老师变成了老板，教师在学生心中是否还有师者的尊严？教师是一

---

[1] 见《高校如今多"老板" 师生关系走向功利化？》，来源于新华网，2006年5月25日。

大学的良心——
高校教师师德案例读本

个受人尊敬的职业，这不仅仅因为它对人类社会的进步和个体的发展发挥至关重要的作用，更在于教师从事的是一项关乎人的精神世界建构的活动，是一个追求真、善、美的活动，这本身对教师提出了较高的要求。所以，人们总愿把教师当成社会的榜样。一旦老师变成老板，教师是否还能坚守自身对真、善、美的追求，并启迪学生追求真、善、美？如果教师滑向了恶的边缘，他如何还能获得人们的尊重与敬畏？这不仅会影响学生、民众对教师的美好期待，更会影响他们对教育的基本信任。

是什么令师生关系变了味儿

老师变成老板，是目前高校师生关系不良表现的一个方面——功利化。功利化的师生关系，主要表现为教师利用师生关系满足个人的私利而疏于对学生的指导和教育，它主要发生在研究生教育阶段，就像我们在案例中看到的。在本科生教育阶段，师生关系其实是另一番景象——疏远化。这种师生关系表现为教师因忙于科研、校外兼职等而松懈对待教学和学生指导工作，致使师生之间缺乏沟通，缺少情感联系。这两种不良取向的出现，让我们看到了当前大学教师与学生身上的一些问题。

1. 功利心的冲击

或许人们不太清楚教师到底从何时有了"老板"的称谓，但是人们不难看到，在老师变成老板后，他们的行为背后总浮现着一种崇尚、追求个人私利的心理，这就是功利心。

学术研究是大学教师独特的职能和价值所在，追求真理、探索真理，是学术研究的旨归。为了鼓励学术研究，国家设立了各种项目、课题。目前，高校教师所进行的项目研究主要有两种来源：一种是由政府长期设立的由各类研究基金支持的项目，如自然科学基金项目、社科基金项目等；一种是

大学的良心——
高校教师师德案例读本

由政府或企业委托的项目。前者为纵向项目，后者为横向项目。在横向项目中，一些理工科老师通过自办公司"承揽"各种合作项目。横向项目研究虽然不乏显现了教师的某些学术旨趣和服务社会的情怀，但是教师自办公司，并且安排学生为自己的公司"打工"，更大的缘由在于个人的经济利益所好。因为一个横向项目的经费资助少则几十万、多则上千万，加之学生又是"廉价的劳动力"，在这种巨大的经济利益诱惑之下，高校中出现了不少"教授商人"。

如果说横向项目背后是巨大的经济利益，那么纵向项目背后则是科研压力。申报项目、课题已经成为高校教师科研评价的重要标准，为了完成项目和课题研究，让自己的学生参与进来已经成为通用做法。当今很多研究生在刚入学时就被老师安排好"学业"或"生活轨迹"——除了完成基本的课程外，其余时间都要进行项目研究，更有甚者连毕业论文都被老师提前确定好了方向或主题。或许有人认为老师对学生的这种学业规划其实是对学生负责的表现，但问题的症结却在于，"为老师做项目"这种所谓的学习方式能否成为学生的全部学习内容和形式？老师的一些项目是否都与学生的专业学习有直接和紧密的联系？学生的专业发展志趣如何得到尊重和激发？事实上，很多老师对课题的指导非常少。有研究生坦言，他们的导师只管申报课题，查资料、做调查或做实验、写书稿都交给研究生完成。

2.师者角色的遗忘

诉求丰裕的物质生活是人之常情，但是取财需有道。在教育世界中，教师物质利益的获得也要有道，这个"道"可以是多方面的，但一个最基本的"道"或者说不能逾越的底线就是不能利用学生。在基础教育中，教师的有偿家教被认为是有违职业道德的，是被明令禁止的，其中有一点原因就在于，在有偿家教中老师往往利用了自己的学生，将他们变成自己最稳定的消费群体或者说牟利工具。在教育世界中，在学生面前，老师始终应该是老师。老师不仅仅是一个称呼，更意味着一种职责、责任。在老板式的师生关系中，虽然有老师，但这个人只是一个因体制被赋予了这一称呼的人，却没有师者的角色和形象。"老师"变成了一个代号，而不再象征一种资格。

师者角色的遗忘在功利化师生关系中"做中学"指导方式的异化上也能明显窥见。"做中学"是美国教育家杜威提出来的一种教学方法，主要针对的是传统教学重视书本、重视课堂、重视教师教授的弊端。这种方法强调学生通过主动参与、尝试、实践来进行学习。由于理工科很多内容的学习必须借助实验、操作，而且实际操作技能、动手能力、应用能力是理工科学生的重要培养目标之一。于是，很多老师使用这种方式指导学生。起初，"做中学"的指导方法主要体现为，老师为学生提供实验室或实验平台，依据课程所需或研究主题所需，带领学生共同参与相关的实验研究，在研究过程中给予学生专业学习上的指导。但是，随着经济利益的诱惑和科研压力的增大，"做中学"不知不觉间演变成"为老师做项目"，"他付我工资，我给他干活"，教师渐渐便有了"老板"的称呼。

可是，在"为老板做项目"中，"做中学"实际被滥用、误用了。因为"做中学"本应蕴含的教师指导职责正在被"做项目"的急迫性遏制，正在逐渐消减。正如案例中的博士生所指出的，他们的老师只顾拉课题、跑项目，疏于对他们的学业指导。这种变了味儿的"做中学"指导方式在某种意义上已经变成一些失职教师对自己的行为进行教育美化的一种托词。归根结底，教师遗忘了师生关系，遗忘了师者的角色，也遗忘了对学生应有的教育、指导之责，这才致使功利心不断侵蚀师者的仁心、责任心。

3. 教育素养的不足

疏远化的师生关系与教师受功利心影响轻视教学、疏于承担指导学生的职责有关。除此之外，还有一个原因也不能忽视，这就是教师教育素养的不足。

由于学科专业领域的造诣尤其是科研能力是高校选拔教师的重要条件，所以教育素养不被教师重视。有调查就显示，高校教师明显更注重对"可教"的本体性知识的及时获取与更新，而将有关"会教"的教学性知识放在了次要地位。[①] 高校中相关主题的教师培训也非常少。在科研压力下，大学教研室也多以学术研究能力的提升为关注点。很多老师在教育教学观念、教学设计与组织能力、教学方法，尤其是交流、沟通能力等方面存在问题，于是很多学生抱怨教师讲课照本宣科、缺乏方法、缺乏互动、课堂沉闷等。久而久之，教师面对学生不认真听讲、不参与课堂、逃课等行为，更加对教学提不起兴趣和热情，更无心教学，也无心精心准备课程。教育教学素养的不足，不仅影响了课堂教学的质量，也影响了师生关系的发展。课堂，这个在大学中原本最能发生师生交往、最能拉近师生关系的地方，由于教师教育素养的缺乏，越来越变成了教师和学生各自的独角戏舞台。没有互动，没有沟通，没有分享，也没有共鸣，师生如何能有亲近、亲密的关系？

---

① 张家琼，陈亮. 提升教师教学素养是提高教学质量的关键——重庆市高校教师教学素养的调查研究 [J].重庆教育学院学报，2007（4）.

4.学生对教师缺乏尊重

如果说在功利化师生关系中，失职的是教师，那么在疏远化的师生关系中，失职的就不仅仅是教师，还有学生。大学生已经不同于中小学生，他们在师生关系中具有更大的主动性、选择性，他们的不良表现也会影响良好师生关系的建立。

今天，受社会功利化思想的影响以及严峻就业形势的挑战，很多大学生对待课程、学习和教师的态度都发生了改变，有了更多功利化的揣摩和打量。如果某个老师的课与未来职业发展非常相关，而且实用性较强，学生就会重视这门课，对授课教师也多了一份尊重、敬畏心理，上课也会积极一些、用心一些；反之则是一副应付的姿态，在课堂上公然睡觉、玩手机、做其他课作业等。在教师唱独角戏的课堂上，学生的不作为成了"推手"。在心理上，他们也少了一份对教师的尊重，甚至有学生认为不逃课已经是对老师最大的配合和尊重了。此外，面对有名望、有职位的老师，学生通常会多一份敬重，也多一份趋之若鹜，反之则不然。原因无非在于那些老师意味着更多的资源和机会，走近这样的老师，无异于是在为未来做准备的天平上增加了一个"筹码"。

人与人之间应该是真诚的，这是人际关系的基本前提。没有真诚，尊重、合作、关爱、交流、分享都是空中楼阁。学生功利化地打量、选择老师，与教师功利化地对待学生一样，都是对对方的不尊重，都将使师生关系不再纯洁，也使双方很难发展真挚、亲切、深入的情感。

尊重与关爱：大学师生的基本相处之道

　　学生"罢免"导师的事件虽然听起来有些令人惊讶，这类事件也并不多见，但它却真实地折射出了一个值得关注的问题，也是一个重要的教师伦理话题——师生关系。宽泛地看，我们在前面谈及的教师道德义务和教学责任也与师生关系有关，但在这里我们将主要围绕师生相处中教师的伦理行为展开分析。

　　在人际相处之道上，儒家曾告诫人们，"己所不欲，勿施于人"，"己欲立而立人，己欲达而达人"。这其实就是人们在人际相处中经常谈及的尊重和关爱。尊重与关爱是人际相处的核心之道，也是大学师生的基本相处之道。由于大学生有独特的心理特点，大学教育有自己独特的目标，我们认为尊重与关爱的师生相处之道可以具体化为四个内容，这就是尊重学生的学习权利与个性、公正地对待学生、用心指导、严格要求。

1.尊重学生的学习权利与个性

　　相比于中小学生，大学生的学习需求意识、权利意识更加强烈，这与他们的自主性和职业意识的发展有很大关系，也是他们容易对教师的教学产生诸多不满的原因之一。因此，在大学教育阶段，尊重不能止于尊重学生的人格，不随意侮辱、讽刺学生，还必须深入考察学生的学习需求与权利。事实上，这种尊重之道适用于所有阶段的学生，因为学习需求与权利的满足是激发学生产生学习动机、展开自主学习的重要基础。

学习权利通常指"在教授的正确方法指导下，在专业学习上拥有探讨、怀疑、不赞同和向权威提出批评的自由，有选择教师和学习什么的权力，在教育管理上参与评议的权力"。[①] 在这一意义上，积极教学是教师尊重和保障学生学习权利的最基本体现。应付教学、疏于指导乃至像案例中的老师那样将学生当成"职员"的做法，都是无视、剥夺学生学习权利的体现。

具体来看，教师应该尊重学生的学习需求与学习主动性。在大学课堂中，有的教师只顾传授知识，有的教师只顾尽情"挥洒"观点，后者将课堂当作自由表达专业学识、研究心得的地方。当学生对教师的课堂提出不满时，他们往往认为这是学生在为自己的不良学习行为寻找借口。暂且不论学生的问题，就教师个人而言，不得不承认一些教师确实对于大学教学目标、课程主旨缺乏充分的了解和合理的认识，习惯于按照自己的喜好选择授课内容和方式。这固然是教师的教学自由与权利，但它忽视了学生的学习需求与发展目标，一定意义上损害了学生的学习自由与权利。尊重学生的学习权利，教师需要了解、把握大学教学目标尤其是专业培养目标和课程主旨，结合课程的学术性、社会发展和学生实际，设计丰富的、相对系统的教学内容，使课程尽量贴近学生的接受心理和专业发展所需，保证课程的学术性，凸显其应有的价值。在教学过程中，教师应该允许学生有独立的见解，有质疑、表达的权利，积极设计、开展能激发学生参与和自主学习的课堂活动，如案例教学、小组研究性学习、主题发言、讨论等。

---

① 王恩华.我国大学教学管理制度变迁的制度分析［J］.江苏高教，2003（5）.

尊重学生的学习权利，也表现为尊重学生的学习兴趣和个性。在研究主题尤其是论文选题上，教师要尊重学生的合理选择权，不能主控学生的研究兴趣，更不能因意见不同而放弃对学生的指导。教师

> 他绝不应该走进任何一个学生，或让任何一个学生单独走到他的跟前，他只能坐在他的位子上，让所有的学生看得见，听得清，正如太阳把光线照在一切事物的身上一样。
>
> ——［捷］夸美纽斯《大教学论》

也要尊重学生的研究劳动和成果，不能霸占学生的研究成果，更不能以"毕业"为要挟。

当今时代的大学生个性较为鲜明，这既是他们的优势，也可能是他们的问题。由于年龄、经历乃至角色的差异，学生的一些个性可能在老师看来是不可理解的，甚至有可能激发师生矛盾或冲突。因此，尊重学生的个性，适时引导，是加强师生关系的重要一面。在与学生相处时，教师应该理性、客观地看待当前学生的个性，不能生硬地将学生的不良个性问题归为道德问题，妄自或过于否定性地评价学生，对学生形成不良认知；也不能完全无视学生的个性尤其是任由不良个性发展。相反，对于不良的个性品质，教师应该抱有宽容的态度，在教学或学习指导中适时加以引导，但应注意尊重学生的人格，不随意或变相嘲讽学生；对于良好的个性，教师应该给予鼓励并善于结合其个性开展教学，比如当今的学生思维较为活跃，教师可以多设计一些学生自主研讨的活动，让他们尽量发挥、展现其能力和个性。

2.公正地对待学生

公正即公平和正义，它是处理人际关系的重要伦理原则之一。大学生强烈的自主意识，决定了他们对公正的需求更加强烈和明确。公正地对待学生，对于师生的和谐相处至关重要。

公正地对待学生，教师首先应该平等地对待学生，尊重学生的人格和学习权利。在第二专题的案例中，暂且不论蔺老师那番"批评"学生的言论的价值取向和教育影响，就师生平等相处而言，蔺老师也存在被质疑的风险。事实上，他的那番话恐怕在是否"尊重他人"上也存在一定的嫌疑。在"导师被罢免"的案例中，那位老师利用了师生关系，使学生为其私人利益服务，这也是对学生的不公正对待——剥夺了学生的学习权利。相比于前者，后者中的教师不公正更可能发生，而且这种情况有时并不被教师认为是不合理的，因为它往往被扣上了"教师行使应有教育权利"的名义。所以，对大学教师而言，公正地对待学生，尤其表现为教师应该正义地行使教育权威，尊重学生的人格，与学生平等相处。

公正地对待学生，意味着教师应该一视同仁地对待所有学生，也就是在课程教学、学业指导和评优、奖励上应该平等地对待每一个学生，不能因生活背景、相貌、专业所属、关系亲疏程度等出现偏私，更不能因个人利益或所好对学生作出有失公允的评价乃至惩罚。相比于中小学，在大学中由于专业所属可能发生的不公正对待学生的情况或许会更多一些。我们会发现一些身兼公共课的专业教师对专业教学和本专业学生的指导较为认真，而对于公共课教学和非专业内的学生则表现出松懈、应付的态度和做法。同样，在对研究生的指导中，一些老师也会出现"界限分明"的做法，就是对自己的学生愿意悉心指导，而对其他学生的指导需求则缺乏浓厚的意愿和积极的行为。

公正地对待学生，还意味着教师能够设身处地地站在学生的角度看问题，做到"己所不欲，勿施于人"。在导师被罢免这则案例中，如果那位老师能够以学生的身份想想自己的做法对学生是否公正，或许就不会遭遇那样的对待。同样在"杨帆门事件"[①]中，如果当时杨老师和与其发生冲突的那位学生都能彼此换位思考一下，或许事态就不会演变成那样的情形。所以，对于大学教师而言，能设身处地地站在学生的角度思考、选择相处方式，是教师公正对待学生的关键所在。在这个意义上，公正相处比相互尊重更进一步，或者说是对尊重的延伸。因为在某些情形中，相互尊重可能带有消极倾向，即所谓尊重一个人的人格和个性做法，可能表现为对对方的不闻不问、放任自流。在教育世界中，这样的尊重是教师的严重失职。只有换位思考，才能做到真正的尊重和平等相待，也才能推动公正走向关怀。

3. 用心指导

在教育世界中，仅有尊重是远远不够的。教师承担传授知识的责任，更承担指导学生学习和成长的责任。指导者是教师的重要角色之一，指导学生是教师义不容辞的职责之一，也是关爱学生的重要体现。

在当今的信息时代中，学习能力日益被看作学生重要的素养之一。指导学生学习已经成为对教育本质的新的诠释——"教育是主体间的指导学

---

① 2008年1月4日晚，中国政法大学经济学教授杨帆在给学生上"生态经济与中国人口环境"选修课的最后一节课时，由于发现学生人数远远不够，并得知有不少学生在课前上交论文后就离开，非常生气，在课堂上大骂逃课的学生。当一名女生背着书包从后面走向门口，准备离开教室时，杨帆拦阻她，双方发生了争吵。这被网友称为"杨帆门事件"。

习"。①指导学习，重在指导学生形成专业视野和思维方式，也就是发展专业学习能力，而不仅仅是专业知识的学习。今天，一些教师狭隘地把教育、教学指导等同于传授、讲解专业知识，这是极为错误的。为此，教师需要更新传统的课堂教学目标，明确地将"学习能力"定为目标之一。同时，它更需要教师积极探索和尝试能够调动学生思考、鼓励学生自主学习和探究的方法或形式，以创造开放的、互动的课堂。

教师要指导学生发展健康的道德人格，这就是我们在前面论及的积极价值引导职责。除此之外，教师特别需要注重引导、指导学生发展职业伦理，也就是学生作为未来的从业者所需具备的职业操守。目前，在我国的大学教育中，专门的职业伦理教育相对较弱。因此，每一个教师应该结合自己的授课学科，在教学中有意识地渗透职业伦理的引导，包括职业认知、职业态度、专业精神的引导，尤其需要注重对知识伦理即对知识及其运用的合理态度的引导，以指导学生正确发挥专业所长。

教师还应该积极承担学生日常指导工作。师生关系的疏远不仅在于课堂教学中师生互动的减少，也在于教师对学生的日常指导在减少、减弱。这类指导体现在很多方面，如学生在学业和生活方面的请教、本科生导师和教授接待工作日、本科生科研项目，以及学生组织的各种活动如学术沙龙、教学设计竞赛、教学技能大赛等。一些老师不太情愿承担这些工作，认为这给他们原有的课堂教学、科研任务增加了负担和麻烦，而且这些"杂事"既不会产生任何科研效益，也没有增加什么"收入"。这样的想法是违背为师职责的。教师应该充分认识到自身所担负的教育职责，重视学生指导职责的落实。事实上，只有参与学生指导工作，教师才能拉近师生的距离，才有可能

---

① 郝文武. 教育：主体间的指导学习——学习化社会的教育本质新概念［J］. 教育研究，2002（3）.

赢得更多学生的关注和喜爱。这是创造和享用职业生活乐趣的根本途径。

落实到行动上，不论是来自工作的安排还是学生的邀请，教师应该在力所能及的情况下欣然接受和承担，而且应该是无差别的接受和承担，自觉杜绝出现下列一些行为：只愿意指导本院或本专业的学生；在指导学生论文中"挑人"；作为研究生导师只愿意带基础好的、专业出身好的学生，基础差的坚决不带。此外，教师不能转嫁指导之责。一些研究生导师基于工作安排必须承担本科生指导工作，但是承接下来后却将其交由自己的研究生来做。这既懈怠了自身的职责，也有损学生对他的信任与尊重。

在指导学生时，教师应该是真诚的、悉心的、耐心的。在指导本科生上，教师不能抱着应付工作的心理，对学生的问题应该悉心、耐心地解答，而不是草草了事。上海交通大学已逝的晏才宏老师之所以受到学生的爱戴，就是因为他对学生的悉心指导。在其逝世后，很多学生表达了对晏老师这种精神的崇敬之情——"大学里还有这样愿意牺牲自己的休息时间，为同学答疑的老师，真的很难得。"蔡元培先生的"一杯绿茶"的故事更是让人们领略到一位老师对学生的悉心指导。

拓展阅读

一杯绿茶

曾经有一位北大学生对成功充满着渴望和憧憬，可他在生活中却屡屡碰壁，鲜有所获。沮丧的他便给时任北京大学校长的蔡元培写了一封信，希望能够得到指点。蔡元培在百忙之中回了信，并约了一个时间让那位学生到办公室面谈。

学生激动地来到校长办公室，还没等他开口，蔡元培先生就笑着招呼道："来，快坐下，我给你泡杯茶。"说完便起身，从抽屉里拿出茶叶，放进杯子里，倒上开水，递到学生面前的桌子上。"这可是极品的绿茶呦，是朋友特地从南京给我带回来的，你也尝尝。"蔡元培和蔼地说道。

受宠若惊的学生端起茶杯喝了一口，几片茶叶稀疏地漂浮在水面上，水也是惨白惨白的，没有一点绿的感觉，喝到口中也像白开水似的，没有一点茶的味道。学生的眉头不禁一皱。蔡元培好像并没有注意到学生的表情，依旧东拉西扯地谈论一些漫无边际的问题，似乎完全忘记了学生来的目的。学生极不自然地听了很久，好不容易等到蔡元培稍稍停顿了一下，便连忙找个理由告辞。

蔡元培若有所思地眯着眼睛微笑道："急什么，把茶喝了之后再走，这可是一杯极品的绿茶，千万别浪费了。"学生无奈地又端起了茶杯，礼节性地喝了一口。可就在这时，一股清香浓郁的味道沁入心脾！学生愣住了，诧异地打量着茶杯，茶叶已经沉入杯底，杯中的水已是一片碧绿，像翡翠般灿烂夺目。不仅如此，整个办公室里可以闻到一股清新的香气。

蔡元培似笑非笑地望着他满含深意地问道："你明白了吗？"学生恍然大悟，惊喜地喊道："我明白了，我明白了。你的意思是说，想追求成功就要像这绿茶一样，不能心浮气躁，只停留在表面；凡事要静下心来，认认真真，踏踏实实地沉浸下去！"

（摘自《师德养成读本》，陈孔国主编，湖南大学出版社，2010 年版第 72—73 页）

在指导研究生上，导师应该真心地关怀学生的学业成长和人格发展，应该经常与学生交流、沟通，了解学生的学习和生活情况，及时发现问题及时帮助学生解决，不能平时不闻不问，关键时刻批评训斥；不能因关系亲疏或为自己工作的多少而有选择地对待学生，更不能因喜好或学生的错误而放弃对某些学生的指导。导师更应该悉心地、耐心地指导学生的学习、论文写作，既关注学生学业水平的提高也关注其学业态度和品质的发展，多激励学生，包容学生的不足等。

4. 严格要求

俗话说，"严是爱，松是害，不管不问要变坏。"关爱学生，仁慈地对待学生，绝不意味着可以放任学生的发展。严格要求恰恰表达了教师爱的理性特征，展现了教育之意。然而，由于我国高等教育体制"严进宽出"的格局，使得很多高校老师习惯了对学生学业学习上的"宽容"。比如，在大学期末考试中有一个所有老师都深谙的规则，这就是当学生的考试成绩临界危险线时，老师通常都会"仁慈"一下"拯救"学生。虽然期末考试并不能说明学生的真实学习情况，但作为一种严肃的教育活动，这显然是不应该的。相反，这种"宽容"在某种程度上助长了很多大学生懈怠的学习态度和松散的学习状态，也侵害了我国高等教育的教学风气和质量。就如一位大学老师针对大学教师的"放水"问题所说的："一门课事小，可是一门课所折射出来的现象很严重，一个老师放水问题不大，可是我们都这样放水，那就成了冲垮我们教育的洪水了，蔓延出去就是冲毁这个社会的海啸！"[①] 所以，当严则严，是今天每一个老师都需要强化的为师职责。

---

① 见《大学教师的挣扎：严格还是放水》，来源于《中国青年报》，2015年8月10日。

大学教师的挣扎：严格还是放水

77份试卷，只有不到三分之一的学生卷面成绩达到了55分的及格线，相当一部分学生只拿到了二三十分，还有不少十几分、几分的同学。彭美勋是湖南科技大学化学化工学院副教授，在严格按照评分标准批改完"材料物理性能"这门课的试卷时，他感到极度心寒。

核算成绩的时候，彭美勋陷入了前所未有的矛盾与纠结：严格把关还是全面放水？严格把关，将会有三分之二的学生挂科，他压力巨大，还可能遭到学生的谩骂；全面放水，可能皆大欢喜，但是有悖自己多年坚持的教学底线和原则，不仅对学生不负责任，自己良心上也过不去。

考虑再三后，彭美勋决定，严格把关，拒绝一切说情要分数现象，交出一份真实的成绩单：77人中，51人挂科，挂科率66.23%。对此，彭美勋老师说："我哪里不知道怎么给学生放水？我哪里不知道给学生放水是一件皆大欢喜的事？但是我觉得那样会突破我教授这门课的底线，我不愿意那样做。如果放水是股飓风，那我就是那个挑战风车的堂·吉诃德。"对于此举，有人称彭美勋为"教师界的良心"，支持他继续坚守严格的标准。

（资料来源于网络）

严格要求反映在教师的日常教学和学生指导的方方面面。在课堂教学中，教师应该严格要求学生完成所布置的学习任务或作业；在评价学生中，教师应该严格参照学生的日常课堂表现，严肃地批阅学生的试卷；在论文指导中，教师应该严格要求学生按照学术规范和写作进程完成论文；在论文答辩中，教师应该严谨地履行论文答辩程序，严格论文考评。只有严格要求学生，才能切实做到关爱学生的学业成长，否则只会害了学生。

拓展阅读

做笔记的章程

梁启超对学生要求极严格，给学生的课业规定了详细的章程。其中关于做笔记的章程规定："凡学生每人设札记册一份，每日将专精某书某篇几页，涉猎某书某篇几页，详细注明，其所读之书有所心得皆记手册上。若初读之始，心得尚少，准其抄录书中要义及所闻师友论道入札记中，以当功课；惟必须注明抄录何书及记何人之言，不得掠美……凡札记五日一缴，由院长批答，学生备两册，缴此册即领用彼册。"

（摘自《师德养成读本》，陈孔国主编，湖南大学出版社，2010 年版第 72 页）

严格要求学生，教师应该注意做到严而有理、严而有度、严而有方。严而有理，是指教师的严格要求一定是基于合理的教育目的，而不是为了个人私利或惩罚、训诫等；严而有度，是指教师应该注意所提要求的强度、持久度以及学生的心理接受程度，不能随意而为，也要注意处理好严格要求与仁慈之间的关系；严而有方，是指教师在严格要求方面要讲究方式、方法，确保要求能起到实质的教育作用，尤其不能伤害学生的人格和身心健康。在"杨帆门事件"中，杨老师或许是在严格要求学生，在行使教师的基本教育职责，但是如果杨老师注意一下方式方法，这件事或许就可以避免。

营建良好的师生关系

师生关系是教育界中的重要话题，它不仅关系到师生的心理交融程度，更关乎教育的质量。可以说，教师的所有教育职责都和如何与学生建立起良好的关系密不可分。对教师而言，这意味着诸多教育素养的发展，也向教师提出了重视和自觉提升教育素养的要求。

1.把握师生关系的性质，确立合理的教师角色

师生关系不仅是一种教育关系，还体现为法律关系、心理关系和伦理关系，尤其是心理关系和伦理关系。心理关系指"教师和学生在教育、教学和指导的实践过程中，师生间相互的认知、情感、意志、依赖状态、行为影响等等方面的心灵感应关系"。[①]伦理关系指在教育活动中师生双方因各自承担教育活动所赋予的责任、义务及遵守相应的道德规范而形成的关系。师生关系的这种复杂性，给良好师生关系的建立增加了难度。大学教师和大学生是一个特殊的师生群体，因为大学教师崇尚学术与自由，大学生崇尚自由与个性。于是，在师生关系上教师有时稍不留神就容易出现偏颇：要么忽视教育

---

① 钱焕琦.高等学校教师职业道德概论［M］.南京师范大学出版社，河海大学出版社，2006：99.

关系，要么无视心理关系和道德关系。清晰认识并合理地把握师生关系的这种复杂性，是教师建立良好师生关系的重要前提。

师生关系首先是教育关系，即教育者与受教育者之间的教育、教学、指导和管理关系。这是师生关系的核心性质和特点所在。无视这层关系，教师就遗忘、懈怠了教育的责任。师生相处之道的关键或核心主题就在于建构积极的教育关系。高校教师应该清楚地认识到师生之间的教育关系及其重要意义，端正"教育者"的角色，强化对教育责任的认识，不能因为学生已经成人，不能因为学生应该自主学习、自我负责而推卸、转嫁教育职责，致使师生间的教育关系被淡化、被歪曲。

在教育关系上，教师应该树立民主型管理者和关怀者的角色，既要尽心地担负教育职责，更要基于关怀学生学业和人格发展的角度积极履行教育职责，不能以"管"、"压"为方法，以"服"、"怕"为目的。

高校教师还应该认识到心理关系和道德关系在师生相处中的重要意义。实际上，很多时候师生之间的不和谐甚至冲突都与教师忽视心理关系和道德关系有很大的关联。可以说，教育关系决定了心理关系和道德关系存在的意义，心理关系和道德关系尤其是道德关系是教育关系有效建构并切实发挥教育意义的重要基础和保障。师生间如果失去相互的尊重、平等、友善，如果失去心灵的沟通与交融，教育关系和教师的威信都将受到挑战，教育质量更将受到威胁。

在心理关系上，师生之间应该是平等、坦诚、开放的。在道德关系上，教师应该树立"亦师亦友"的观念，既不能过于强化教师的角色、身份、威严，也不能无视师者的角色和职能，学会在师者和朋友两种角色之间协调。

2.加强与学生面对面的沟通，增进对学生的了解

疏远化的师生关系表现为教师与学生之间的沟通越来越少，但是在高科技通讯手段迅猛发展的今天，它还表现为师生间沟通的简约化、表层化。不可否认，电话、E-mail、QQ、微信等大大方便了人们之间的联系，但这些大多"不见人"的联系使师生缺少了面对面对话中的碰撞，沟通的话题有时无法及时深入进而出现片断化，沟通中更缺少了眼神、表情的关注。这使得一些问题在一定意义上被延误和搁置了，也使得师生之情无法深入到内心深处。重要的是，一些老师已经将它们当作指导学生的重要载体，而疏于与学生进行面对面的沟通与指导，这尤其反映在一些研究生导师身上。因此，在今天，加强与学生的沟通，特别需要教师加强与学生之间面对面的对话、沟通。这些机会潜藏在教师定期的指导中，潜藏在课堂教学之中和课间，也潜藏在参与学生的活动中，甚至潜藏在师生偶遇的聊天中。

加强与学生的沟通，目的在于增进对学生的了解，这样才能增益师生关系。沟通中，教师应该重点了解、把握当前大学生的心理特点、求学困惑和学习所需。课堂之上，教师可以利用相关的教学活动，如讨论、小组合作、研究性学习及其成果展示等，了解学生的学业困惑和需要。课堂之外，教师可以主动与学生就学业、生活、个人发展以及社会话题等进行交流、讨论，从中了解他们的想法和心理需求，也帮助学生解决学业和生活上的困惑。目前，很多青年教师都承担本科生导师工作，其更应该积极利用这一平台加强与学生的沟通。研究生导师应该加强与学生见面的机会，加强对学生的面对面指导。

在与学生的沟通中，教师要怀有关怀的意识和情感，一定意义上要淡

化师生之间的工作关系，以同理心、朋友的心态关注和指导学生的学业发展和人生发展，尤其要有尊重、真诚的态度。在蔺老师的案例中，仔细品味后不难发现他的言论方式和内容不无一种嘲讽之气。师生关系不论如父子关系还是如朋友关系，都是人与人之间的关系。人与人的关系首先是一种相互平等、相互尊重的关系。所以，教师应该认真倾听并尊重学生的观点，尊重学生的学习权利，尊重学生对教师的评价等。总之，在师生关系中，教师可以有威严的一面，但绝不能有盛气凌人的一面，也不能有鄙视学生的一面，更不能仗着教师的权威将面对面的指导变成学生的"打工"活动。

3. 正确使用教师权威，避免师生的不和谐

教师享有较高的教育权威。教育权威有助于推动学生自觉地接受、内化教师的教诲和影响，也有助于教师走进学生。但是教育权威一旦使用不当，不但会影响教师教育职责的有效落实，而且会诱发师生的不和谐甚至冲突。

> 做教师的人经常在那里假装一副师长的尊严样子，企图让学生把他看作十全十美的完人。这个做法的效果适得其反。他们怎么不明白，正是因为他们树立他们的威信，他们才反而摧毁了他们的威信。
>
> ——［法］卢梭

正确使用教育权威，是确保良好师生关系建立的基本底线。

正确使用教师权威，首先教师不能曲解教育权威，不能无理放大教育权威。从权威的来源上看，教师一方面享有教育体制赋予的权威即制度权威，一方面拥有自身的人格权威或魅力。教师经常会在制度权威上出现问题，这

与教师的身份、地位和担负的职责密不可分。教师一旦夸大了职业身份和地位并以此居高临下，就容易出现强势、强制的一面，意图"掌控"学生的心理和行为。网络上曾经曝光了一位博士生导师羞辱、训斥乃至体罚学生的事件，这与导师强制学生为自己的公司"打工"的做法如出一辙，都源于教师对权威的无理放大和滥用。教育权威的无理放大，其实是教师教育权力的扩张。滥用权威的背后，是教师对教育权力的制造和追求。为防止无度使用权威，教师应该谨记"教育者"的职责，注意以师者的角色要求自己。一个非常在意为师角色或形象的教师，一定比那些不在意教师角色的人更多一分责任和自律，他们不会轻易地卸掉教师职责，更不会随意地滥用教育权威。更重要的是，教师要时时注意，教师权威是以教育意义的实现为宗旨的，也就是以有利于学生的发展为目的。任何伤害学生学业发展和人格发展的所谓教育举动，都是对权威的滥用。

近年来，受到诸多因素的影响，一些老师发现学生上课不认真、学习积极性减弱。面对学生在课堂上睡觉、看闲书、聊天、玩手机、逃课等行为，教师进行批评完全是合理的，但过激、过度的批评，尤其是造成学生人格受损的行为却是极为不理智的。因此，正确行使教育权威，教师还需要理性地看待大学生身上的这些不良学习状态和行为，既不能一味指责学生学习态度不端正，也不能进行过激的批评，尤其是涉及对人格、人品的批评。相反，一方面教师应该尽量结合学生的学习需求调整自己的教学方法和授课内容，在保证专业教学学术性的同时适当联

> 教员与学生的关系是积极的关系：他们的地位可以变换，因此每一位教员同时就是学生，而每一位学生同时就是教员。
>
> ——［意］安东尼奥·葛兰西

系实际，增强课程的实践性。另一方面，即使在批评学生时，教师也要注意合理摆正教师的角色，不能表现出"自恃师者"的姿态，应该尽量做到尊重学生、平等地与学生相处，展现指导者和朋友的双重角色。

最后，在正确使用教育权威时，教师还需要注意不良情绪的控制。在一些师生不和谐或冲突事件中，我们往往能看到教师过激的情绪表达或发泄。这既可能源于教师对自身权威的不当理解和使用，也可能源于教师自身的个性特征。不论是何种缘由，在师生不和谐或可能发生冲突的情景下，教师应该理性、冷静地面对学生；面对不和谐因素，要学会冷处理，即不直接面对问题，尤其是不急于解决问题，而是指出问题或将问题以其他的方式展现出来。这样，既能避免教育权威的滥用，也能为事件的良好解决创造契机。

4. 引导学生尊重、配合教师，共建良好的师生关系

师生关系是一种双边关系，这意味着它不仅需要教师的努力，也需要学生的努力，尤其对大学生而言。一方面，学校应该加强学生学业责任的引导。当今大学生的学习越来越急躁化、功利化，很多学生忙着混学分、考证书、校外兼职赚钱或所谓的增加社会实践经验等。逃课、不参与课堂活动、应付课程作业、考试作弊等屡见不鲜。这与学校的"零淘汰"规则、单一的学业评价方式，以及老师"考前划重点"的方式和"睁一只眼、闭一只眼"的教学态度不无关系。高校应该调整"零淘汰"的培养规则，更新学生评价方式，改革考试形式，以督促学生发挥学习主动性，积极配合教师。教师应该严格要求学生，处理好仁慈与严格要求之间的关系，杜绝"老好人"的心态和行为，同时加强对学生的学习管理和指导，加强对学生课堂表现情况和

学习活动完成质量的考核。

另一方面，学校应该加强学生人际交往道德的教育。一些学生对学习抱有错误的认识，自恃是高等教育的消费者，教师是为其服务的，歪曲自身权利和职责，对教师缺乏尊重，甚至公然嘲讽、顶撞老师，对大学及其规则缺乏敬畏。高校应该引导学生正确对待学习权利和义务的关系，积极承担自我发展的责任，引导他们学会尊重、学会友善、学会合作、学会宽容、学会反思。这既有助于推进师生关系，也有助于增益同学关系和舍友关系。

最后，需要补充的一点是，改进师生关系的状况，改革不良的教育体制也是非常必要的，因为教育体制往往对教师的观念、行为起到暗示、导引作用，这会影响师生关系的发展。

当前影响师生关系的主要制度性因素除了上面提到的学生评价制度外，教师科研评价体制也是一个重要的因素。在重科研的局面中，"课上得好不好不要紧，对学生关心不关心不要紧，只要科研好就行，科研好就是成功的大学教师"的观念已经成为教师深谙的规则。这严重干扰了教师合理职业价值观的确立和教育职责的履行。改革科研评价体制，有助于引导教师合理地协调教学和科研工作，更好地投入学生教育工作，为良好师生关系的建立搭建平台。

拓展阅读

金岳霖与殷海光的师生之情

金岳霖（1895—1984），字龙荪，湖南长沙人，祖籍浙江诸暨，著名的哲学家、逻辑学家。

殷海光（1919—1969），原名殷福生，湖北团风人，中国著名逻辑学家、哲学家，曾从师于金岳霖先生。

殷海光是逻辑学大师金岳霖早年的学生。当时，殷海光家境很困难，金岳霖一直资助他。后来殷海光去了台湾，成为著名的思想家。他经常提及金岳霖对他的帮助，临终之际还念念不忘。海峡两岸交往正常化以后，台北中华电视台记者来到北京采访了八十多岁的金岳霖，询问他关于殷海光的事。金岳霖说："我太老了，教过的学生很多，记不得了。"记者说："可是您的学生还记得您，对您给他的帮助念念不忘。"金岳霖说："都是过去的事情了，还提它干吗？"记者走后，汤一介问金岳霖："您真的忘记了殷海光这个学生了吗？"金岳霖笑笑说："没有。殷海光在海内外有一点小名气，这是他自己努力的结果。我当初对殷海光好，不是为了他将来报答我。一个人真心地帮助别人，不是为了别人怎么回报。善之为善，不求回报，这才是善的原意啊！"

我们过去曾经有句老话，师徒如父子。这句话并不是随便说说，像金岳霖与殷海光这样的师生，在过去的时代中并不鲜见，杨振声与沈从文、胡适与吴晗和罗尔纲都是这种情形的生动写照。师生之间的这种亲密关系，对于学术传承的意义不言而喻。殷海光就曾经评价过金岳霖对自己的影响："我突然碰到业师金岳霖先生，真像浓雾里看见太阳！……昆明七年的教诲，严峻的论断，以及道德意识的呼吸，现在回想起来实在铸造了我的性格和思想生命。"

（摘自《金岳霖善待殷海光》，来源于《中国石油报》，2014 年 9 月 22 日；《金岳霖与殷海光的师生情谊》，来源于《新快报》，2013 年 4 月 8 日 ）

专题五　科学来不得半点虚假
——学术道德的信守

怎么做才好？

　　赵静是某大学的一位年轻教师，刚刚博士毕业不久，专业是政治学。最近，她正在为一件事纠结不已。在博士论文的基础上，她把其中自认为最有新意的一部分内容重新修改、整理成了一篇论文，投给了这个领域一个很有影响力的期刊。按照以往的做法，大概二十多天后，她又给其他两个期刊投递了这篇文章。当然分量、影响力都逊色于最早的那个期刊。

　　就在一周前，她接到了其中一个期刊的录用通知，在按编辑要求微调文章的过程中，她突然又接到了第一个期刊，也就是那个很有分量和影响力的期刊的用稿通知。这让她一下子不知所措了，到底该接受哪个期刊呢？已经答应了最早接到录用通知的那个期刊了，可是这个期刊实在是太诱人了，放弃了就太可惜了。现在，她甚至有点后悔那么快就答应了前一个期刊的录用通知。

　　这天，恰巧教研室开会。会后她在与一位已经有近五年工作经验的老师闲聊时，道出了自己的这个"难题"。没想到那个老师很平淡地说："换个题目不就行了。你到期刊网上看看，有一些人他们的文章虽然题目有差别，但其实大同小异，甚至有的文章里面的内容根本就是一模一样的。""可是现在不是有检测吗？""你的文章不是还没发出来吗？怎么可能两篇文章会被检测出重复呢？或者你也可以把里面的内容简单调整一下，很多人的文章也都是这样的。再说了，你又没抄别人的，东西都是你自己的。这比那些抄袭他人、伪造数据的造假差远了。"

听这位老师一说，赵静心动了。之前查资料时确实发现过这种情况，或许可以一试。可是，这真的没什么吗？这好像也是造假呀？她又有些忐忑了。到底该怎么办？赵静犹豫了。

学术不端，一个近十年来在我国大学领域中刺耳而又备受关注的话题。案例中赵静遇到的情况其实是学术不端的一种形式——一稿多次使用。我们经常耳闻的学术不端是学术抄袭与剽窃、学术伪造。前者多发生于人文社会科学研究中，如北大人类学教授王铭铭造假事件[1]，后者多发生于自然科学研究中，如井冈山大学两名教师

> 高等学校学术不端行为包括：（一）抄袭、剽窃、侵吞他人学术成果；（二）篡改他人学术成果；（三）伪造或者篡改数据、文献，捏造事实；（四）伪造注释；（五）未参加创作，在他人学术成果上署名；（六）未经他人许可，不当使用他人署名；（七）其他学术不端行为。
>
> （摘自《高等学校哲学社会科学学术不端行为处理的意见》）

---

[1] 2002年1月10日《社会科学报》的一篇名为《北大博导剽窃，叫人如何不失望》（署名晓声）的文章，揭露了北大人类学教授王铭铭所著的《想象的异邦》第二编《视野》中的10万字内容系全部抄袭自他自己所翻译的美国学者哈维兰的《当代人类学》，并且在《想象的异邦》书末开列的"参考文献"中，王铭铭并未列举哈维兰的著作。

"合作"造假事件①。近年来，国内大学教师学术不端的事件越来越多，其中不乏很多有名望的教授、博导、校长等。

---

① 2009年12月19日，国际学术期刊《晶体学报》在其官方网站发表社论，称通过检测程序发现，井冈山大学化学化工学院的讲师钟华和工学院讲师刘涛在2006年至2008年间投递给该刊的70篇论文中的晶体结构报告存在数据造假问题，做出一次性撤销的决定。

为什么学术不端屡禁不止

学术研究是对真理、科学的探索活动，是一项求真的活动，来不得半点虚假。然而，高校的学术研究为何会陷入学术不端的处境？

1.体制的逼迫与利益的诱惑：扭曲的学术研究动力

大学教师既是教师又是研究者，从事科学研究是他们的应有职责之一。这种研究本应是自主自由、充满探索乐趣的。但是，不知从何时起，科研的量化标准——科研成果的类型、数量、发表的期刊等级或出版社等级，尤其是数量和期刊等级，变成了教师考核和职称评审的硬杠。这与现代制度追求效率、急功近利的风格不谋而合。进入 21 世纪，随着国家对知识创新的重视，以及政府对高校科研支持力度的增大，各大高校更加注重增强自身的科研实力，越发加大了科研在教师年终考核和职称评审中的比重和要求。应对职称评审和考核，已经成为不少老师的科研主动力。早在十多年前，西南师范大学（现与原西南农业大学合并更名为西南大学）唐智松老师进行的一项有关青年教师科研投入状态的调查就显现了这一倾向。调查发现，45% 的青年教师投入科研的主要动力是为评职称，5% 的是为了完成工作量，2% 的教师是迫于考核，还有 15% 的老师是因为学校重视科研。在应付科研的原因中，有 20% 的教师承认是被迫搞科研[①]。时至今日，不难想象，这种倾向只会有增无减。而且体制对于科研的要求还在不断变动，三年一小变，五年一大变，教师们总是需要留心它的变化，并迅速找到方向，转舵航行。

体制就像一把冲锋号，吹向哪里，人们就奔向哪里。在重视科研的氛围中，在追求数量的科研体制之下，高校教师只能跟着体制指引的方向前进，否则就会掉队。这难道不会逼得一些人想出某些"捷径"，以在规定的时间内完成规定的科研任务吗？

表面上看，体制无非是一些不得不为的要求，但事实上这些要求总是暗含着一定的利益。就是说，职称评审也罢，业绩考核也罢，其实都是名和利的问题。今天，科研考核体制中的经济利益因素更加明显。基本上所有高校都将科研与奖金挂钩，制定了科研奖酬金制度，不论是为了刺激，还是为了鼓励。比如 2010 年井冈山大学曾曝出两名教师共同造假的事件，审视这一事件，不难发现利益诱惑的影子。井冈山大学从 2006 年 1 月 1 日起执行《井冈山学院科研工作奖励办法（试行）》（2007 年井冈山学院更名为井冈山大学），规定凡被 SCI 收录的学术论文每篇奖励 5000 元，同时附加奖励 1000 元（含网络版）。在国内绝大多数高校中，教师在核心期刊、权威期刊上发表论文，发表被 SCI、EI、CSSCI 收录的论文，以及出版著作、立项课题，都有具体的奖金规定。这已成为高校中常规的科研奖励办法。

科研成果越多，意味着获得的经济利益越多，体制的逼迫与经济利益合体后，科研变成了一举两得的事情。这难道不会加重追求量化科研的氛围吗？难道不会为那些希望"高产"而不惜学术造假的老师制造空间吗？其实，井冈山大学两位老师学术造假的主要原因就是金钱的诱惑。井冈山大学

---

① 唐智松.青年教师教学、科研投入状态调查［J］.高等师范教育研究，2001（1）.

党委书记在接受媒体采访时说："如果是为了评职称，他不会要求这么多论文，不会要求在一个刊物短短的一段时间里发表几十篇。""这已经是有点疯狂的行为了……应该是个人名和利的驱使了。"① 按照井冈山大学的规定，那两位当事老师因其发表在《晶体学报》上的论文分别可以获得19.5万元和14万元的奖励，虽然最终并未完全实现。试想，倘若没有学校高额的科研奖励，这两位老师的学术造假行为或许不至于如此疯狂。

一面是体制的逼迫，一面是金钱的诱惑，陷入其中的高校教师面临巨大的挑战，因为每一个都至关重要，前一个关乎名誉，后一个关乎收入。更令他们纠结的是，体制与金钱很好地实现了联合。如果只存在任何一方，恐怕科研的诱惑力都不会像今天这样导致很多学术不端行为。恰恰是二者的联合，让教师既不能不进行科研，又能在科研中获得物质利益的满足。左右夹击，令高校教师的学术研究处境变得越来越被动，越来越偏离了学术旨趣和兴趣，也面临了更大的学术不端风险的挑战。

2. 学术道德规范和监督的匮乏：学术不端的根本原因

体制的压力与利益的诱惑是存在的，但是出现学术不端行为的教师毕竟是少数，绝大多数的教师都能够正确对待制度的规约和利益的诱惑，其根本原因在于个体的自律，即学术道德操守的坚持。换句话说，缺乏学术道德是学术不端行为出现的根本原因，也是内在原因。

学术道德是学术研究本有的规定之一，但之前一直未引起大学和大学教师的重视。一方面是因为我国传统上缺乏学术规范和知识产权的概念，

----

① 见《井冈山大学两名教师70篇论文造假事件引深思——学术造假"前仆后继"暴露监管机制严重缺失》，来源于法制网－法制日报，2010年1月5日。

另一方面可能与当时还未出现诱发学术失范行为的环境有关。所以，不论是从教师学术道德的引导或教育上，还是从学术规范的制定与执行上，尤其是从学术不端行为惩戒机制的建立上，都存在一定的疏忽和遗漏。缺乏学术道德，教师容易受到量化科研体制氛围和急功近利心理的影响，走上学术不端的道路。

学术道德的匮乏容易使教师滋生侥幸心理，认为只要以不易被人发觉的方式进行学术改造就可以避开学术不端的风险。今天，很多教师在论文或著作中大量摘录或直接抄袭国外资料，恐怕与这种侥幸心理不无关系。2013年11月，复旦大学附属眼耳鼻喉科医院刘亚强（化名）教授被举报，其出版于1989年的专著《耳显微外科》存在抄袭现象，书中有一百多幅关于如何实施耳部手术的手绘图和其导师 Ugo Fisch 教授的两本专著《鼓室成形术和镫管切除术：技术手册》（ *Tympanoplasty and Stapedectomy: A Manual of Technology* ）和《颅底显微手术》（ *Microsurgery of the Skull Base* ）中的图片相同，而《耳显微外科》一书却未对此加以注明，在参考文献里也未提及这两本书。虽然不能确定这位老师是否有这种侥幸心理，但是这种行为难免不使人心生猜疑。事实上，当前学术界中的"打擦边球"现象也带有侥幸或冒险的心理。

学术道德的匮乏容易使高校滋生对学术不端的祖护行为，助长学术不端行为的发生。2010年西安交通大学的6名老教授联合实名举报该校一名教授奖项造假一事，在学术界引起了轩然大波。如此备受关注，不仅在于它是中国高校中的又一起学术造假事件，更在于它暴露了教师学术不端行为中的保护伞。在6位老教授的举报之路中，学校曾出面阻拦。其中一位老教授回忆说，校方有领导当时传达了几个意思：一是当前高校弄虚作假成风，这件事要是被捅出去，不仅学校丢脸，整个中国学术界都会丢脸；二是学校地处西部，科技排名在全国能排到 16 名，很不容易，不要因为内讧坏了招牌；三是认为此系学术之争，校方希望能从中调停。[①]

学术道德的匮乏瓦解了教师面对体制压力和利益诱惑时的意志和自律精神，也挑战了大学管理者的态度与作为。同时，学术不端行为的屡现也将学术道德推向下滑的边缘。人们对教师的学术道德产生了忧虑，学术道德已然成为关乎我国大学教师学术发展及影响力的重要问题。

---

① 见《西安交大 6 名老教授举报学术造假曾遭校方阻拦》，来源于大洋网 – 广州日报，2011 年 2 月 25 日。

学术道德何以必要

　　学术研究是一项以科学的方法对存在物及其规律进行专门的系统性探究活动，以获得对存在物及其规律的深刻认识。简言之，学术研究是一项探求真知的活动。因此，学术研究不能造假，否则产生的就不是真知；也不能剽窃、抄袭，否则产生的就不是经过自己的研究获得的新知，这无异于重复。不论是前者还是后者都违背了真知产生的过程。这表明，学术研究一定是建立在科学的研究方法之上的。科学的研究方法本身就注定了学术研究是一项具有道德规定性的活动，这也是学术道德的基本规定之一，但只是外在规定。在更深层的意义上，学术道德表达的是研究者对待学术研究的态度。态度出了问题，方法也会出错。学术不端受到热议、抨击，不仅在于使用了不端的方法，更在于大学教师对待学术研究的态度出现了问题。

　　学术道德是一个关乎人类科学发展的重要命题，背弃道德的学术研究将摧毁科学，也将影响人类诸多方面的发展。

1.学术道德关乎科学的发展与人类社会的进步

　　人类社会的进步与科学的发展是密不可分的，虽然在科学形成之前，人类对于未知世界的探索是零星的、不系统的，但正是这种早期的知识探索推动了科学的发展。随着科学的正式形成，科学研究对于人类文明的发展和社会进步发挥了越来越不可估量的作用：科学研究推动了科学本身的发展，增进了人类的知识，使人类不断摆脱愚昧，也缓解了人类心灵对于未知世界的恐慌和不安，增强了人类存在的勇气和力量；科学研究极大地推动了人类社会的发展，今天人类社会在经历了农业社会、工业社会后进入依靠知识发展的信息社会就是最好的例证。所有的这一切都是也必须是建立在一个重要的前提之上，这就是严谨的科学研究态度和方法。如果没有严谨、实事求是的科学研究态度和方法，学术研究无法产生真知，科学体系自身不但无法获得发展，也无法推动人类社会和文明的发展。学术不端行为之所以受到强烈谴责，引发人们的巨大担忧，就在于它不仅仅关乎人类科学的发展，更关乎人类的生存和发展，尤其在今天的信息社会中。

2.学术道德关乎大学的存在与发展

自产生之初，大学就是一个学术研究的共同体。一方面教师有权处理学术领域之内的事务，实现自治；另一方面教师通过自由研讨、探究以及相互之间的辩论推动思想的繁荣和科学的发展。在大学的历史发展中，学术自治、自由推动了大学的发展，它们也被确立为最重要的大学精神之一。

对教师而言，学术自治意味着一种学术道德——学术自律。这是因为学术自由蕴含对科学探究的好奇，对未知科学领域的尊重，换句话说，只有出于学术好奇的学术研究，只有尊重科学的学术研究才是真正自由的。这为学术自治规定了更深的含义：教师除了有权处理学术领域之内的事务外，更有责任、有能力对有违学术自由精神的行为保持批判和自律，自觉进行抵制，保持纯洁的学术追求和严谨的治学态度。我们知晓的那些学术不端事件能说与教师学术自律品质的缺失不无关系吗？所以，教师的学术自律品质关乎大学的学术自由与自治精神，关乎大学的存在与发展。

3. 学术道德关乎学生的发展

大学教学是建立在教师的学术研究基础上的，这样教师才能将广博、系统乃至高深的知识传授给学生，发展学生的科学视野、科学思维和科学态度，引导他们掌握科学的研究方法，更能激发学生对于科学的好奇和兴趣，有助于推动学生成长为未来一代的研究者，为投身科学和文明的发展作出积极贡献。但是，一旦教师缺乏学术道德，不仅不能为学生贡献自己切身的研究心得，即便是教授他人的思想也会缺乏深度，更无法由衷地向学生传递科学探究的精彩与乐趣。这无益于学生对科学、科学探究产生好奇，也无益于科学素养的发展。

4. 学术道德关乎大学教师的声誉

大学教师身兼教师和研究者双重身份，作为教师有师德，作为研究者有研究者的道德。如果仅是一个研究机构中的研究者出现学术造假行为，人们质疑的是他的研究者道德，但是如果一个大学教师出现了学术造假行为，人们质疑的绝不仅仅是他的研究者道德，还会怀疑他的师德。换句话说，大学教师的核心身份是教师，其任何一种不良表现都会引发人们对其为师品质的质疑。这会影响大学教师的社会形象和声誉，进而会影响公众对大学教师的尊重与信任。所以，学术道德是大学教师为人师表的独特表征，它关乎大学教师良好声誉的建立和维护。

学术道德：大学教师的独特品质

在西方，学术道德是一个很宽泛的概念，通常指"拥有大学教职的人士所负有的责任的总合"，[①]包括教学道德、学术道德和社会服务伦理等。在我国，学术道德的外延相对较小，一般指从事科学研究或学术研究活动时所应具有的道德品质即科研伦理。面对当今的诸多学术不端行为，我们认为大学教师的学术道德主要应该包含以下内容。

1.严谨治学、创新进取——研究者的知识责任

大学教师是高深知识的掌握者、传播者，更是高深知识的探索者、发现者，探索真知是大学教师的职责和生命力所在。探求真知，需要遵循真知产生的方法和过程，这要求教师必须严谨治学。严谨治学是教师学术道德最基本且最核心的内涵，它体现了研究者对于知识的负责态度。

（1）追求真理。

严谨治学的起点是对真理的认同、热爱和执著追求，如果一个教师不相信真理，不热爱真理，他是不可能去探索真理的，也不可能有严谨治学的

---

①［美］爱德华·希尔斯.教师的道与德［M］.徐弢，李思凡，姚丹，译.北京：北京大学出版社，2010：86.

态度。追求真理，教师首先要对自己的学科和科学研究抱有自信和坚定的信念。每一种科学研究都有自己的特点，有自己的价值体现。人文科学和社会科学虽然不同于基于实验研究的自然科学，虽然并不能像自然科学那样对人类的生产、生活产生即时的、显见的作用，但是它们同样是人类自身发展和社会文明进步不可或缺的重要部分。每一位教师都应该了解并合理看待自己学科的特点，积极体认本学科研究的重要价值，增强学科的归属感与科学研究的自信心和价值感。只有对本学科及其研究抱有自信和坚定信念的老师，才会有对真理的热爱之情、尊重之心和探索欲，才能严谨、执著地探索真理、发展真理。同时，每一位教师也应当尊重其他科学研究的特点和社会价值，尊重其研究者。

坚持真理，教师应该扎实地研究那些切实具有学术意义和实践意义的问题。近年来，受量化科研指标的影响，一些教师不但将多发论文当成主要任务，而且急功近利地制造了不少垃圾论文。这些论文要么缺乏学术价值和实践价值，要么是自己以往研究成果

> 记住，你们在学校里所学到的那些奇妙的东西，都是多少代人的工作成绩，都是由世界上各个国家里的热忱的努力和无尽的劳动所产生的。这一切都作为遗产交到你们手里，使你们可以领受它，尊重它，增进它，并且有朝一日又忠实地转交给你们的孩子们。这样，我们这些总要死的人，就在我们共同创造的不朽事物中得到了永生。
>
> ——［美］爱因斯坦

的改编，更有甚者是他人研究成果的翻版。这样的研究无益于科学的发展，也浪费了社会资源。追求真理，教师应该从尊重科学、推动科学发展，深化人类认识，以及为实践贡献真正有指导意义的真知角度，静心地找寻具有学

术价值和实践价值的问题，应该注重自身学术研究的系统性，不能"投机取巧"地以迎合某种理论热点或社会热点为学术研究的主线，杜绝"东一榔头，西一棒头"的游击式、钻营式的研究。

（2）客观研究。

学术研究是一项严肃、严谨和严密的过程，它需要研究者实事求是地进行客观研究。一方面，教师应该使用科学的研究方法，遵循严谨的研究逻辑和程序，实事求是地进行研究。对于自然科学研究，教师不能简化程序，更不能编造研究过程；不能篡改数据，更不能编造数据。对于人文科学和社会科学研究，教师不能臆断、妄下结论，也不能对他人的研究成果断章取义，更不能挪用、改编他人的成果。

另一方面，教师应该坚持正确的世界观，尊重事实，将科学研究建立在事实的基础上；也要尊重他人的相关研究，客观、公正地对待他人的研究，并将自己的研究建立在尽可能全面地掌握已有研究的基础上，避免先入为主，避免感情用事。为了保证研究的公正、客观，教师"还有责任在值得进行的研究中拒绝受普遍流行的政治偏见和学术偏见的支配"。① 也就是说，教师应该坚持学术研究的科学性，不迷信权威，合理地坚持自己的正确判断。

还有一点需要注意的是，教师应准确地审视自身的研究能力与研究支撑条件，超出自身主客观条件范围的研究主题要审慎对待，因为无法驾驭的研究主题往往会诱发教师出现有失客观的研究行为。

（3）勇于创新。

没有创新，真知就无法产生；不能产出真知，研究者就没有尽到对知识

---

① ［美］爱德华·希尔斯.教师的道与德［M］.徐弢，李思凡，姚丹，译.北京：北京大学出版社，2010：36.

的最终责任。事实上，严谨治学和勇于创新是合二为一的。只有严谨治学，才会不断有新的发现，这在一定意义上就意味着创新。具体而言，勇于创新表现为：第一，教师要始终保持对未知领域的好奇，保持对知识探索的热情，敢于想他人不敢想，做他人不敢做，包括他人或前人没有做过的或没有完成的问题、课题。同时，教师要理性地看待学术权威，敢于向学术权威发起挑战。第二，教师应该敢于坚持真理，敢于反思自我、突破自我，敢于修正自己的错误。科学知识的判断标准或真理本身可能会随着知识的发展而发生变化，因此教师既应该以严谨的态度探索真理、坚持真理，也应该时常理性地思考自己的研究，发现问题或错误，及时修正错误，完善已有的研究，实现知识的更新与创新。

2. 胸怀知识分子的良知——研究者的社会责任

发现真知，促进科学发展，是大学教师学术研究的直接目标，也是他们最基本的社会责任之一。从这点上来说，对知识负责就是对社会负责。当然，科学研究的社会意义远不止于此，它还表现为人们应用真知，推动社会政治、经济、文化等的发展。后者更直接展现了大学教师学术研究的社会责任，也体现了大学教师作为知识分子的社会良知。

知识分子是真理的代言人，也是社会的良知，他们应该时时胸怀社会责任，为社会的发展出谋划策。因此，学术道德还应体现为在学术研究中教师胸怀知识分子的良知即社会责任。

（1）发挥理性批判精神。

大学是研究高深学问的场所，大学教师由于具有理智的力量和清醒的头脑，从而更有能力为社会的发展出谋划策，更能对社会发展中遇到的各种问题作出客观、公正的评判和科学的分析以及给出有益的指导。这使大学教师担负起了不同于其他社会人员的独特社会责任——理性批判责任。这是一种"动用自己所拥有的文化、知识

所谓"知识分子",尤其是他们中间的人文知识分子,就是思想者。"思想"是他唯一的职责和职能,人文学者关心的是"应该"怎样,而不是"实际上"怎样。也就是说,他对人和社会的关注本质上是一种"彼岸世界"的理想关怀。他是用彼岸理想的价值,来对照此岸现实的存在,从而不断发出自己的批判的声音。

——钱理群

和精神力量,对现实社会中的不良倾向进行独立的批判"的责任。[①] 教师应该坚持理性批判的精神,胸怀学术研究的社会责任,彰显知识分子的良知。这意味着教师应该始终坚持真理,坚守学术信念,对社会政治、经济、文化等领域的发展建言献策,为引领社会发展贡献力量;对社会不良倾向保持清醒的头脑和理性的思考,敢说真话,敢写事实,不委身于权势,不与社会污浊之气同流合污,积极推动社会的健康发展。

（2）以真知服务社会。

大学教师肩负服务社会的重要职能,这项职责承载着人们对大学教师的敬仰与信任,对知识和他们运用知识的行为的信任。然而,当教师为了自身的利益,不论是金钱还是名誉,把本不能产生积极影响的知识用于社会生产、生活时,可想而知它带来的不良影响是非常巨大的,这对知识、大学教

---

① 钱焕琦. 高等学校教师职业道德概论 [M]. 南京:南京师范大学出版社,河海大学出版社,2006:53.

师的责任与尊严也是一种亵渎。所以，胸怀学术研究的社会责任，还意味着教师应该以真知服务社会，尤其谨慎地对待学术研究成果的社会应用问题。这一点对于一些理工科的研究而言，更具有重要的意义。

2007年西安交通大学6名老教授在举报本校一位老师奖项造假中发现，他在"涡旋压缩机设计、制造关键技术研究及系列产品开发"项目的推荐书中捏造"应用证明"："2001年度新增产值（产量）599万元，2002年度新增产值（产量）1250万元，2003年度新增产值（产量）4092万元"。实际上，这项涡轮压缩机技术在投入使用后并未取得明显的经济效益，相反给应用这一技术的企业——陕西泰德公司带来了巨额的亏损。泰德公司2001年亏损148万元，2002年亏损307.28万元，2003年亏损384万元，2004年更由于经营不善而被迫停产。所以，在学术研究中，教师必须深知并担负学术研究承载的社会责任，以避免自我利益的考量，避免把学术研究变成个人利益的工具。

3.相互尊重与互助合作——研究者的学术共同体责任

大学是一个机构，更是一个学术共同体。这说明，大学具有一种重要的学术功能，即"为它的成员提供一种从事高标准的学术活动的环境。这种由许多热心学术事业的个人所构成的环境还可以化为一个没有名称的、集体性的学术活动标准的典范"。[①] 这个典范对大学教师起到了重要的督促作用，不符合学术研究规范的行为都将受到批评和斥责。学术共同体是大学教师的栖息之地，需要大学教师来维护。如果大学教师破坏学术活动的典范，就破坏

---

① ［美］爱德华·希尔斯.教师的道与德［M］.徐弢，李思凡，姚丹，译.北京：北京大学出版社，2010：63.

了学术共同体的声誉，就在瓦解自己的栖息之所。因此，对学术共同体负责是大学教师的职责之一，也是其学术道德之一。

（1）相互尊重。

作为一个追求学术自由的地方，大学中各种思想、观点汇聚、碰撞，"百花齐放，百家争鸣"始终是大学追求的学术状态。这需要宽松的学术体制或环境，也需要教师之间的相互尊重。只有相互尊重，才会有真诚的论辩和深入的交流。

尊重，意味着教师对他人的研究领域保持谦虚的态度。每一种学术研究都有其独特的价值，对每一个教师而言，科学世界中也总有他所不熟知的内容，况且一些领域还有不确定性。谦虚地对待那些自己所不熟知的领域，尊重他人的研究工作，肯定他人的研究成果，对不确定的东西保持理性的思考，不以自己的喜好武断地给出判断，是对他人研究的尊重，也是对知识创新环境的维护。

尊重，还意味着教师虚心接受他人的评价以及与自己持不同意见者。学术研究是复杂的，不同的人所站的角度不同，观点就会有所不同，观点之间的碰撞，研究者之间的质疑、辩论是正常的也是必要的。但是，目前学术界有一种"学霸"现象，即以自己所属小圈子或研究机构为平台，借用其学术影响力夸大自己的研究，漠视、抵制甚至打压与自己持不同意见者。这是一种不谦逊的研究态度。狭隘的研究心理以及独断的研究行为严重破坏了学术研究的民主、自由、公正的氛围，影响了学术的健康发展。因此，任何教师都应该对自己的研究保持理性的思考，对他人的研究报以尊重，善于与他人分享自己的研究成果，以开放、民主的心态接受各种声音，乐于听取他人的意见，尤其要虚心地接受不同的意见和批评。

当学术在某些人的运作中与权力挂上钩后，学术腐败现象就以某种"恶富集"效应迅速生长和蔓延，且可能比在其他领域的腐败更加肆无忌惮。这种与学术挂钩的权利可能来自体制的赐予，也可能来自非体制的感觉膨胀力。所谓非体制的感觉膨胀力，是指一些自以为有很大学问的人夸张地行使自己因学术影响而带来的话语权力，在学术界自说自话，漠视别人的研究成果，对于自己的学术缺陷则极尽文过饰非之能事。相比之下，最为恶劣的学术腐败来自于体制的滥用。这种学术腐败的最恶劣的后果不是一般的有失公正，而是会因获奖奖项、重点机构特别是重大科研项目的过度集中而形成一种学术寡头现象。在某些学术领域已经出现了这种学术寡头，据说掌握权力的"学术权威"往往能够拥有上亿的经费，然后再由他"转包"给各子课题的负责人，这下一层的负责人仍可再"转包"，这样的体制形成后，学术"公平"和"公正"就必然成为一种可笑的概念。

（摘自《高等学校教师职业道德概论》，钱焕琦著，南京师范大学出版社，河海大学出版社，2006年版第178页）

（2）互助合作。

共同体是由一群拥有共同的志趣和目标，遵守共同的规范的人组成的，共同体中的人是相互合作的，因为只有相互合作，共同体才能充满凝聚力。在学术共同体中，如果没有合作，个人的学术之旅会缺少交流与乐趣；如果没有合作，共同体的学术生命会面临枯竭。随着知识更新速度的加快、知识体系的分化以及社会发展复杂性的加剧，学术研究日益需要合作。所以，国家鼓励教师开展校际、省际的学术研究，也支持建立各种创新团队、实验团队。

合作，意味着教师之间应该相互帮助。目前高校教师尤其是青年教师的很多研究都是"单打独斗式"的，虽然在课题申报时列了一些成员，但实际上都是个人单独完成的，其主要成员其实都是自己的研究生。这种现象或许源于教师之间的一种"默契"，就是互不打扰他人的研究。这种"相敬如宾"的研究局面，导致教师与教师之间的实质性合作非常少。因此，实现互助合作，首先需要打破这种貌似"尊重"的互不干涉的研究心理和状态。每一个教师都应该对其他教师敞开胸怀，不能认为帮助他人就会影响自己，应该将互相帮助、积极合作看作重要的学术发展之路。对于青年教师而言，他们应该积极地接受其他教师的研究邀请，或者主动加入一些相关研究团队，也要注意主动邀请其他教师参与自己的研究，指导自己的研究。对于老教师而言，他们应该发挥长者的风范，吸纳青年教师进入科研团队，提携他们，或者引导、指导青年教师组建学术团队，加强彼此之间的沟通与合作。

互助合作，还意味着创建民主、友好、愉快的合作研究氛围。研究者本人应该尊重合作者的意愿、想法，积极听取他们的意见和建议，应该切实围绕研究问题形成明确、合理的分工，注意民主的交流与沟通，不能把合作者当成打工者。团队成员之间应该相互尊重、包容、互助。只有这样，合作才会具有实质意义。

一个真正的学者，学术就是他的生存方式，如果一所大学里没有这样的学者，那就不是一所好的大学，学术共同体这个概念就更是无从谈起。一个学者，在受聘到大学工作以前，就应先考虑在这个学术共同体中是否有适合的位置实现自身的发展；在进入大学后，既然已经选择成为这个学术共同体的一员，就必须努力为此作出贡献。

以学术为生存方式，体现在学者之间的关系上。共同体这个词本身就含有互动、相互支持的意义，而一个学术共同体的维系，也是靠具有学术价值认同的人们内聚在一起，彼此尊重、相互支持。在大学这个学术共同体里，每个人都是其他人的外部环境，和谐的整体正是由每一个"互为外部环境"的个体共同营造的。

（摘自《大学是一个"学术共同体"》，来源于《中国教育报》，2009年3月23日第5版）

事实上，前面提及的大学教师对于知识、对于社会的责任，在一定意义上都可以看作对学术共同体的责任，因为前两者都展现并维护了大学教师作为学术共同体成员的身份和角色。或者说，学术道德就是指教师尽到身为学术共同体成员的责任。这样，对学术共同体负责就意味着教师应该杜绝一切有违学术道德的行为，杜绝一切有可能令大学和自身蒙羞的举动。

教师如何践行学术道德

相比于以往，今天的大学教师确实面临着严峻的学术道德挑战。如何坚守学术道德、保持学者的声誉已经成为每一位大学教师不能回避的责任。

1.正确对待利益诱惑，在挑战中保持自律

在井冈山大学学术造假事件中，两位参与造假的教师在出事之时都是三十多岁。这个年龄段的人正处于工作、个人发展和家庭生活的多重压力期：既有工资、住房、孩子等带来的经济压力，也有不断加重的科研任务、攀高的职称评审标准，甚至是严酷的非升即走的转岗制度带来的工作压力。于是，发表更多的文章，获得更多的科研奖励，变成了他们增加经济收入、完成科研任务的一举两得的好办法。在利欲熏心之下，学术造假行为容易被诱发出来。坚守学术道德，教师应该正确处理学术研究与利益诱惑之间的关系，学会在挑战中保持自律。

首先，教师应该深刻认识到，为了获得科研奖励而大量发表文章，永远都不是正途。学术研究是一项圣洁的活动，它与物质利益必须保持一定的距离，只有这样，研究者才能潜心探索真知。通过学术研究获得经济收益，从来都不是学术研究的本有之意，也不应该是其目的所在。同时，教师应该正

确对待生活的压力和现状，不能盲目攀比，不能自惭形秽，应该以平和的心态寻求生活的改变。事实上，当前青年教师焦急改变生活现状的心理与功利化社会风气诱发的心理落差感不无联系。

其次，教师应该正确对待学术研究与职称评审的关系。学术研究是大学教师的职责所在，更是其生命力所在。做好学术研究才有职称的晋升，而不是为了职称的晋升而进行学术研究。立足前者，才能确保大学教师职业生命力的延伸，只有认清学术研究与职称评审的关系，教师才能在体制困境中把持自身，坚守自律，并获得学术生命的繁荣和学术造诣的提升。后者不但很难使教师品尝到学术研究的乐趣，反而会使教师滋生学术钻营的心态和行为。目前，一些教师费心思抓热点、抓刊物编辑的口味，投机取巧、投其所好地写文章、发文章就是这种行为的典型表现。他们忽略了自己的学术兴趣，更忽视了学术的可持续发展。

2.善待学术声誉，脚踏实地地开展研究

一般而言，学术声誉指一个研究者或学者在学术上的声望和名誉。有人认为，只有拥有较大学术贡献的人才享有学术声誉。其实并不完全如此。对每一个研究者而言，学术研究都象征着一种学术声誉，它来自社会、同行和普通民众对研究者研究行为的评价，包括其学术贡献和学术品质。一个人有较大的学术贡献，他将享有学术声誉。但是如果一个人丧失了基本的学术道德，他的学术声誉也必将受损，因为他破坏了人们对研究者学术品质的基本信任。据悉，井冈山大学教师学术造假事件出现后不久，《晶体学报》表示，所有由井冈山大学投递到该学报相关卷册的稿件已被标记，将被重点检查其真实性。这难道不是对中国学者国际声誉的一种质疑吗？

学术声誉寄托了人们对研究者求真、务实、诚信等品质的期待和信任。一个不在乎学术声誉的人，往往会成为无视学术道德底线的人，这相当于一个没有羞耻感的人就会没有基本的道德是一样的。重视学术声誉，善待学术声誉，有助于推动教师警惕和杜绝学术不端行为的发生，从而推动学术道德的坚守。

珍重、善待学术声誉，包括善待自己的学术声誉、科研团队的学术声誉，以及学校的学术声誉。这需要教师清楚地认识到，学术研究关乎个人的声誉，学术不端行为将严重损害自己的学术声誉，应该时刻以研究者的身份和职责提醒自己；更应该深知学术研究担负的社会责任，淡化功利化倾向，以"经世济国"为使命，脚踏实地地从事学术研究，树立良好的研究者形象。一位参与揭露学术造假事件的西安交大老教授在接受媒体采访时说，"我们做这个事情，一定要让学校恢复到我们过去踏实、认真（的样子——笔者加），为了党，为了国家，为了工业振兴，要老老实实工作，要让年轻的教师知道该做什么，不该做什么，因为我们是为人师表。"[①]一句"因为我们是为人师表"道出了一个学者最质朴的认识：不愧对教师和研究者的身份和使命，不做有损教师和研究者形象的事。如果每一个大学教师都珍重学术声誉，那么他就多了一分自律，多了一分严谨治学的态度，学术不端出现的概率也将减少一分。

珍重、善待学术声誉，还需要大学教师切实地尊重学术研究，以严肃的态度、诚信的品质履行研究职责。2009年辽宁大学一位教授因其与学生共同发表的论文存在抄袭现象引起人们的关注。随后，学校给出答复："抄袭系孙仁宇（化名）一人所为，王德林（化名）署名仅为帮助学生的论文得以发表，非直接责任人"。瞬间，讨论的焦点由抄袭转向了这位博士生导师的学术态度——难道署名仅仅是署名，可以不负任何责任？人们甚至猜测，这

---

① 见《西安交大6名教授举报学术造假被校领导劝阻》，来源于四川在线，2010年3月21日。

位博士生导师是不是根本就没有审读甚或了解过这篇论文？其实，这一事件道出了我国当前学术界中并不为怪的"导师挂名"现象——研究成果署名，但实则并未参与研究或指导研究。归根结底，这说明教师对学术研究缺乏足够的尊重和敬畏。如果教师真的尊重、敬畏学术研究，珍重自己的学术声誉，就会切实履行研究者应尽的职责，就会对研究成果负责，而不会在没有尽到应有职责的情况下随意地同意学生署上自己的名字。

有人说，做学问犹如做人，以什么样的品行做学问就能铸就一个什么样的人，反之一个人的品行到什么境界，学问就能做到什么境界。很难指望一个品行低劣的人，能做出大学问。作为人，珍重自己的名誉，就会洁身自好；作为研究者，珍重、善待学术声誉，就会保持警觉和自律，就会扎扎实实地、负责任地进行学术研究。珍重学术声誉是推动大学教师坚守学术道德的动力和方式之一。

3. 改善不合理的体制，为教师践行学术道德创建生长的土壤

追根溯源，学术不端源于教师个体学术道德的匮乏，但是无法否认目前我国功利化的学术发展体制，包括学术评价体制和学术激励体制，在很大程度上诱发了学术失范行为的出现。井冈山大学教师学术造假事件后不久，国际权威学术杂志《自然》于 2010 年 1 月 12 日在其头版刊发文章《中国科研，发表还是出局》(*Publish or Perish in China*)，指出："近期一系列引人注目的学术界造假事件，凸显出中国学术评价体系存在的问题，这一体系过于强调发表论文。"[1] 改善学术体制，为学术研究确立合理的发展取向，创造健

---

[1] 见《中国科研，"不发表就出局"？》，来源于《南方日报》，2010 年 1 月 20 日。

康的环境，是推动学术道德发展的重要支持力量。

今天，我国功利化的学术研究倾向主要集中在教师职称评审制度和学术评价体制上。职称评审制度过于强调科研成果，尤其是科研成果的发表层级和数量；学术评价体制除了过于强调数量外，还过于强调研究的速成化，即规定教师每年必须完成的科研任务。此外，单纯注重经济奖励的学术激励机制也难辞其咎。当然，这些制度其实与高校之间的科研实力竞争、地位和荣誉竞争，以及资源竞争等是密不可分的。

改革这些体制，需要紧紧围绕学术研究的特点进行。一方面，学术研究是求真、务实的，创造出一个有价值的成果胜过产出一百个垃圾成果，因此高校应该淡化过于重视数量的学术研究机制。不论是在职称评审还是在科研评价中，学校都应该重视对研究成果质量的评价，引入同行专家，尤其是校外同行专家评鉴机制，杜绝校内自评，而且规范专家评审制度，加强责任追究制度。另一方面，某些学术研究需要长期积累的过程，不是一蹴而就的，高校应该改革年年产出式的科研评价机制，为教师创造宽松的学术研究氛围。这不但有利于教师的学术成长，而且有助于引导教师形成为了学术、基于学术的良好研究风气。此外，高校也应该改革单纯的物质激励机制，更多地从加强教师从事学术研究的兴趣、提升学术研究水平方面给予科研上的奖励，比如给予学术参与活动更大的便利，给予团队合作方面更大的支持等。

在改革不合理的学术体制的同时，高校应该切实发挥学术道德委员会的作用，加大对学术不端行为的惩治力度。为此，高校应该严格选拔具有学术威望和道德声誉的教授任委员，并建立严明的委员责任制度和不良行为惩治制度，实行学术审查独立，杜绝行政意志的干扰。同时，学校应建立广泛的举报机制，公开、公正、透明的调查机制，根据学术不端行为的性质、影响制定明细的处罚方法，对学术不端行为绝不姑息并严惩不贷，切实对学术不

大学的良心——
高校教师师德案例读本

端行为形成震慑作用。

最后，高校还应该加强学术道德教育。近年来，我国加强了学术规范的制定，先后公布了《高等学校哲学社会科学研究学术规范（试行）》（2004）、《科技工作者科学道德规范（试行）》（2007）、《高等学校科学技术学术规范指南》（2010）、《高等学校预防与处理学术不端行为办法》（2016），出版了《高校人文社会科学学术规范指南》（2009），也颁布了一系列加强学术道德建设的文件，如《关于加强学术道德建设的若干意见》（2002）、《关于树立社会主义荣辱观 进一步加强学术道德建设的意见》（2006）、《关于严肃处理高等学校学术不端行为的通知》（2009）、《高等学校预防与处理学术不端行为办法》（2016）等。但是，目前这些文件未能有效地发挥督促作用，主要原因在于很多高校教师并不知晓这些文件。因此，高校应该加强对这些文件的宣传和解读，组织有关学术道德、学术规范的讲座或讨论，使教师熟知这些文件，避免不必要的学术失范，并形成重视学术道德的学校科研氛围。

拓展阅读

争论者的友谊

著名的"定比定律"，是两位科学家在长达九年的大论战中诞生的。18世纪末，欧洲化学界对化合物的组成有两种截然不同的看法：一派以法国化学家贝托莱为代表，认为世界上一切化合物的组成是不固定的，即不同地方不同途径得到的化合物组成可以不一样。另一派以法国化学家普鲁斯特为代表，认为每一种化合物的成分是固定的，在

贝托莱，C.-L.

不同地方用不同方法得到的同一化合物，其组成必定相同。

贝托莱在当时已很有名望，他的名著《论亲和力》早已问世，被化学界视为权威著作。因此，他在论战中开始处于十分有利的地位，他列举溶液、合金、玻璃以及许多氧化物的实验来证明自己的观点。但是年轻的普鲁斯特毫不示弱，也列举各项试验结果来反驳贝托莱的观点。双方各不相让，论战一直持续九年。论战自始至终都在彬彬有礼地摆事实、讲道理的情况下进行。

经过九个年头的论战，由于普鲁斯特的论据充分，原先支持贝托莱的化学家纷纷转向普鲁斯特。最后，作为权威的化学家贝托莱在事实面前向普鲁斯特认输。普鲁斯特以发现了定比定律成为这场大辩论的获胜者。从此，定组成定律——一切化合物有一定组成成为化学基本定律之一载入化学史册。

在成功面前，普鲁斯特并没有得意忘形。他对贝托莱倾吐了心中的感谢之情，他真诚地对贝托莱说："要不是您的质难，我是难以深入地去研究定比定律的。"普鲁斯特向人们宣告，发现定比定律，贝托莱有一半功劳。

贝托莱虽然是争论的失败者，但他全然不为此懊恼，他反而因为在科学的争论中发现了真理而欣喜万分。于是，他提笔挥毫，给普鲁斯特写："您发现了定比定律，可喜可贺，九年的争论，结出了果实，我向您——真理的发现者致意！"

（摘自《师德养成读本》，陈孔国主编，湖南大学出版社，2010年版第118—119页）

* * *

欧洲科学基金会关于研究和学术领域科学行为规范（部分）

概　述

研究的性质

科学研究包括了理论研究、实验室工作、调查、检验及对早期成果的分析和进一步深入等。其目的是扩展人们对物理学、生物学及全社会的认识和理解。

科学的进步取决于信任。科学家必须对其他科学家的成果有充分的信心。同时社会也必须对科学家的诚实和科研动机及其研究成果的真实性予于信任。目前欧洲科学界的主要问题是丧失了公众对它的信任。

为重新得到公众的信任，最关键的毫无疑问是科学领域的道德和纯洁性。在科学研究的规划、实施、解释及报道等方面的行为规范是保证科学领域纯洁性的基础。全世界科学界的相互信任及科学家和公众间的充分信任是至关重要的。哪里有相互信任的氛围，哪里的科学成果就更能被接受和应用，进而为人类造福。

自　律

科学界一直有非正式的自律的传统，以此来维护这一领域的纯洁性。在这日益复杂的科学界，特别是在过去 20 年的快速发展和激烈变化过程中，传统的自律已不能保证科学领域的纯洁性。

科研资助的不足使科学家间的竞争更为激烈，而单纯强调以发表论文作为衡量成果的标准，又迫使科学家急于推出"成果"。某些公共基金机构更对科学加上了功利主义的价值观，也同样使眼光都集中在出成果上，这就不自觉地诱导了某些人不走正道而去寻找"捷径"。这同时也是对思想和行动自由的传统科学价值观提出了挑战。

过去总认为道德问题一直是和社会科学及医学诊断研究联系在一起的，因为这些学科是以人为主要研究对象。随着生物医学和生物技术的发展，在这一领域道德问题也渐渐地显现出来。时至今日，道德问题在科学界的各个领域几乎是无所不在，经核实并已公之于众的科学领域的一些不正当行为和欺骗，使整个科学界的自律受到严重的挑战。对这一问题已到了非解决不可的程度，忽视这一问题将后患无穷。这一问题应首先在科技界进行广泛的讨论。

所有这一切使有关科学界的纯洁性和职业行为规范问题，受到越来越大的关注。这迫使科学界必须加强自律并使这一做法更加透明。

科学界纯洁性的原则

科学界的纯洁性是建立信任的核心，科学的交流与合作完全有赖于此。科学界的纯洁性要求那些置身于科研工作的人，必须无一例外地严格遵照执行下列原则：

在调查工作的设计和实施过程（中），按最高的职业标准来执行，为科研而进行的数据采集和分析要遵循严格、开放的方式，对合作者、竞争者及前人的贡献，应采取诚实、公正的态度，在科学质询的各个阶段，都要绝对地诚实，特别要避免：

——任何形式的欺诈，如伪造、更改数据或记录等；

——剽窃、侵犯他人的著作权等；

——破坏其他科学家的工作成果、记录、调查报告等；

——作为审阅者或指导者，违反保密原则；

——科研人员合谋参与上述行为。

要想得到公众的信任，重要的是所有科学工作者要对自己的行为负责，要严格遵守上述原则。

科学行为规范的范围

虽然科学行为规范的具体细节可以因某些特殊的要求或各国的不同情况而有所差异，但就其主体来说必须包含以下几个方面。以后各节中还将做更进一步的叙述。

科研的规划与实施，其中包括对数据库及新发现的分析和记录；

数据的搜集、存储及归档；

研究成果的发表；

知识产权的保护；

对青年研究人员的培训、发展及导师的良师益友作用；

对大学生及其他研究人员的作用；

有些行为规范，是围绕一些法律要求来制订的，例如在某种环境中工作的健康及安全问题、在研究中使用人和动物的问题、环境保护问题、数据保护及个人机密问题等。

项目的设计和研究方法

研究项目的设计，应该有明确的目的性。或是为解答某一个科学问题；或能增加对某件事、某个人、某种观念或某种现象的进一步了解。研究项目的设置，必须有充分的根据；打算采用的步骤，在技术上是可行的；所采用的分析方法是适当的。

各协议书及计划都必须用清楚、无歧义的文字书写。它们必须特别详细地包括目标、材料、方式、时间表及所使用的分析方法。不模棱两可的及完整的文件化的协议书，不仅对那些执行科研的人是必要的，而且对那些从事项目评价以及重复或继续进行此项目研究的人也是十分必要的。所有参与研究的人，都有责任严格地完成好这些重要的初始步骤。

在整个研究期间，所有参与者必须每天清楚、准确地记录研究的全过程及最后得到的结果。要特别注意保持记录的完整、诚实及安全。从事研究的人，必须在每日的工作记录后面签字，以表示对得到结果的确认。这些记录必须安全地以纸张或电子的形式来保存。这么做的目的，是为了提供一个连续的、经得起检验的、符合科学行为规范的记录。

在人类学和社会科学的研究中，常常涉及人与人之间的相互作用。在这些情况下，公民有权在个人生活中不受不道德行为的干扰。瑞典人类学及社会学研究会公布了一个道德原则规范。其中对这类研究提出4项基本要求。这些要求是：

把拟定研究的各个方面，都告诉参与人；

保证他们的志愿协议书得到执行——"知情同意"原则；

涉及人身的住处资料的处理及存储，必须在尽可能严格的保密条件下进行；

除为了该研究的目的外，不得将这些信息用于任何其他场合。

虽然如此，但要在保护个人与允许研究人员取得他们需要的数据之间寻找平衡点，仍是一件十分细微的工作。这些规范应允许复制资料，甚至对有价值的（及昂贵的）成套数据进行二次分析，在这一过程中很有可能产生事先不能预见的、新的研究课题。这种方法实际上减少了重复的数据采集和社会调查。对于这种方法，数据保护委员会表示认可。

数据的积累、处理及存储

实验研究的各个阶段都会有数据产生。完整的数据是重要的资源。

大学的良心——
高校教师师德案例读本

通过它们，以后能对该项科研的诠释和结论进行检验。它们可能还是进一步深入研究的基础。因此，最重要的是，所有的原始数据，都必须以一种既安全又便于提取的方式来储存。

各研究所必须特别注意原始研究数据的成文和归档。在某些科学行为规范中，建议保存期至少为10年，对特别重要和敏感的数据，则保存期还要更长一些。对存储数据有实际困难或其他问题的研究所，则应考虑存入国家或地区管理的档案馆。

科研成果的发布

在专业杂志上发表文章或出版学术书籍，是科研过程的一个重要步骤。它表明研究得到的数据、理论、诠释及典型例子已正式进入了公众领域。著作权和出版权是只能来自于对被讨论的工作的创造性贡献。当作者不止一个人时，每个作者都应该对该创造性的或分析的工作作出过显著的贡献；同时每个人也必须对由该成果写成的文章或书的内容分担责任。那种名誉作者的做法，不符合上述原则及科学行为规范。

作者还有进一步责任，特别是：作者应该提供一切有关的详细材料、实验方法、所用的分析及统计技术，以便于读者来评审该研究所采用的手段的有效性。如果他们愿意，还可以重复该分析。作者们还必须诚实、坦率地列出早期完成的该领域的工作，并对其他科学家为此项目作出的贡献表示感谢，并披露潜在的利益冲突。

科学杂志也有其责任。他们的行为应符合国家出版规范，全面接受其制订的规则，并保证相应高的出版质量。特别是要求评审人及编辑部成员必须披露实际的或潜在利益冲突。另外，编辑部的成员，以及专业评审人的名字应定期公布。许多出版社还公布了明确的作者行为准则。

现在科学界中，许多人通过讨论、书信或科学会议，与同事们自由地分享想法和数据，并以此作为他们进行思维的一种模式。通过这些非正式接触获得的信息，在未取得原创意者的明确准许，而在此基础上进行研究开发，也将被认为是侵犯了有关科学家的知识产权。

知识产权的保护

科研工作者有责任保证他们成果的知识产权受到适当的保护。这就要求他们应完整、准确地保留导致他们新发现的各个阶段的记录，因为这些记录有时有可能必须拿出来面对法律的挑战。特别重要的是，他们在获得专利保护前，应避免向公众披露这些记录。关于披露的法律，欧洲和美国有很大的差异。

科学家还有更进一步的职责，即应尽可能地保证他们的研究成果能被开发应用，来为社会谋福利。这就涉及转让问题。即当需将成果开发成产品并推向市场时，相应知识产权可能被转让，或以许可证方式授予工业或商业界。

对青年研究人员的培训、发展及良师益友作用

培养青年研究人员是科学界所有人的重要职责之一。不应该只限于提供必要的技术知识，使他们能够进行他们的研究工作，并成为独立的调查研究人员；在培训中还应教授科学领域的道德准则和科学行为规范。

过去青年科学家非正式地学习过一些这方面的价值观和规范，在资深科学家身边工作，也能受到这方面的影响。另外，还有一些出版物提供这方面的忠告，例如 Peter Medawar 爵士的书《给青年科学家的忠告》。

在当今世界的压力下，需要更正规的教育来帮助青年科学家，使他

们懂得研究诚信的重要性，并在他们的事业生涯中，尽可能早地遵守科学行为规范。现在就有一些大学定期地为研究生讲授关于这方面的课程。1989 年，美国国家科学院出版一本小册子《怎样当一名科学家：科学研究中的责任行为》。书中描述了科学行为的道德基础，以及科学家可能会遇到的某些专业事例及两难的境地。这本书是面向青年科研工作者的，同时也向研究生和本科生发放了约 20 万册。

1995 年美国国家科学院、药物研究所和国家工程院联合出版上述书的增订的第 2 版。虽然它是针对美国读者编写的，但它所描述的原则和价值观，是对全世界都有效的。这本小册子对整个欧洲也是十分有价值的。

关于指导问题，德国 DFG（Deutsche Forschungsgemeinschaft）国家调查团建议，每个研究生除了他的正式导师外，再配备两个有经验的科学家，其中之一要由学生自己来选定。实践证明，这样的安排具有一定的好处，万一在科研工作或其他事情中出现什么冲突，将便于进行调解。

学术带头人及其他科学人员的选拔

科学的进步是科学家们自由的、创造性思维的结果。当选拔学术带头人和有关科学人才时，必须对科学道德、创造性和潜质给予高度重视，并作为选择的标准。

科学岗位的安排过程必须是透明的。要预先公布明确的选择标准，并在整个安排过程中始终贯彻该标准。该过程也必须向社会公开。在任何情况下，都不允许让政治或任何其他外界因素影响某个候选人的选拔。

（资料来源于网络）

专题六　不忘知识分子的社会责任

——大学教师的社会服务伦理

乐此不疲的兼职

让我们先来看一则案例——

"靠学校给你的那点工资肯定不行，况且你还要结婚呢！有机会就多出去上上课吧。"这是王扬岳来到单位后向一位教师抱怨工资低时，这位教师给他的"建议"。其实这样的"忠告"，他已经听过不止一次了。事实上，对王扬岳来说，找到一个讲课的机会一点都不难，一是因为他学的是数学专业，这是一个校外教育市场中非常紧俏的学科；二是因为他的一个朋友就在一个面向中学生的教育辅导机构中工作，这位朋友之前就邀请他去讲课，只是王扬岳一直认为自己难以胜任这份"艰巨的"工作。现在，他决定试一试了。

进入那家教育辅导机构兼职后，王扬岳每周一至周五要抽出一个晚上加上周末的两个半天去给那些为了中考和高考而努力拼搏的中学生上课。为了能把课上好，他每周都要花费不少的时间来准备课程，琢磨试题，研究解题思路和方法，于是有时候他只能草草地准备一下自己要教授的大学课程。开始时，他心中还有隐隐的担心和顾虑，担心这会引起大学生的不满，担心会影响教学考核，担心领导会批评他。但是每次一想到那一小时 500 元的报酬时，他的兼职勇气就又高涨起来了。

一段时间后，王扬岳已经成为那所教育辅导机构的金牌教师，不但不用像其他老师那样接受不定期的考核，而且课酬也涨到了每节课 800 元。想想一个月下来一万多元的进账，王扬岳聊起自己的这份兼职时总会不禁地流露出难以掩饰的喜悦。朋友聚会时，更是有人调侃他说，他马上就要住上"大 house"了。

　　如今，王扬岳在周末不仅要在自己所在的城市上课，还常常奔波于省内其他城市上课。虽然很累，但那份实实在在的收获总会令他精神百倍、乐此不疲。而且他再也没有了当初的那种担心和顾虑，因为他发现身边其实有很多老师都在外面上课，有些老师还经常固定地到一些地方讲课，俨然成了那里的专职教师。在他服务的那家教育辅导机构中，也有来自其他高校的英语、政治、物理、化学等专业的教师。

　　他知道，今天人们把他们这样的老师叫作"走穴"的教师，就是在外面赚外快的教师。虽然不好听，而且"走穴"确实让他对自己的工作分心了，但"走穴"那远远高于学校工资的回报，无法不让他心动。每到月末拿到那沉甸甸的工资时，喜悦早已一股脑地冲掉了那些顾虑和不安。

"熏得人儿醉"的走穴市场

大学教师走穴，其实早已不是什么新鲜事了。2004年文汇报就曾报道，上海部分名牌大学的教授，尤其是经济学界一些大牌教授讲课的出场费高达6万元，这已成为高校教授收入的来源之一。时任复旦大学校长杨玉良在2010年的一次学校讲话中更是道出，一位大学教授40分钟"出场费"竟高达20万元。[①] 即便是一般教师，讲课费也算可观。上海一家电子企业的有关负责人曾透露，高校一般教师为新员工做专业知识培训，每小时的报酬为400元到800元，一天6小时的报酬为2000元到5000元不等，名气大的教授讲课费则会更高。[②] 如今，考研热的不断升温，也给很多教师创造了走穴舞台。

近年来，编写各类资格考试用书或培训教材也成为一种新的走穴方式。由于培训类教材的销售量通常较大，所以按版税结算酬劳比以往按字数一次性结算的稿酬要多得多。一位出版行业的人士曾表示，一般而言，一本定价10到20元的教辅书，以往支付给教师的稿费大多是3000到4000元，但现在一次性买断版税的书，支付给教师的版税则高达10%到20%，这远高于一般图书5%的版税。[③]

---

① 见《复旦大学校长批教师学风不正　大学生急功近利》，来源于《新闻晨报》，2010年9月18日。
② 见《教授走穴，一天挣6万》，来源于《天府早报》，2004年4月11日。
③ 见《京城教授日进万金　"走穴"纳税成为"盲区"》，来源于千龙网，2004年4月21日。

相比于这种"赶场忙站台，编书做学商"的走穴，与公司合作项目更具有"诱惑性"，更"令人醉心"。有些高校教师以个人名义与公司合作项目，有些则是创办自己的公司，以公司名义与其他公司合作项目。在前者中，由于项目经费所列名目不清，加之管理不严，一个大学教师做完一个项目，收入几万、十几万甚至几十万的都有。在后者中，教师成为人们所言的"老板"，其研究生变成公司固定的职员。教师负责在外面拉项目，学生负责做项目，分工明确、机制稳定，效率快、收益高自然是不言而喻的。所以，在部分高校教师中有这样一种说法："没本事的在外讲课，有本事的拉到项目。"

目前，高校教师中还有一种风光体面、名利双收的走穴之道——教授兼职，一身多用。2011年一篇《关于长江学者特聘教授乱象的一个例子——武汉大学土木建筑工程学院副院长刘泉声》的网帖，指出刘泉声教授违规兼职，同时担任多所高校和科研院所全职岗位工作。据称，2009年7月起，刘泉声教授成为武汉大学土木建筑工程学院长江学者特聘教授、二级教授；2009年11月，他就任该院副院长。与此同时，他还在山东科技大学兼职泰山学者特聘教授，而且还是中国科学院武汉岩土力学研究所的二级研究员。按要求计算，刘教授一年内工作的总时间至少应该是27个月，但这显然是不可能的。

如今，高校教师走穴已不稀奇，这越来越让人们将他们看作可以"暴富"的一族，"教授商人"也成为一个新的词汇。对学生而言，教师因走穴而"翘课"已不是秘密，而且见怪不怪了。但是，当"高校教师走穴"还不时地引起媒体的关注和讨论时，当学生谈论它而心中还会浮起隐隐的不满之情时，它已经显露出了人们的担忧：这种"醉人的暖风"是否还能让大学成为追求自由与理想的"象牙塔"？

大学教师何以"风光"走穴

"走穴"是二十世纪八十年代在我国演艺界出现的新名词，早先主要指演员为了捞取外快而私自外出演出。后来，在教师中出现了在本职工作之外进行有偿服务的行为，于是"走穴"一词扩展到了教师职业。起初，教师走穴主要指基础教育中从事有偿家教、自办辅导班的教师。慢慢地，大学教师走出了象牙塔，走进了名利场，加入了走穴大军，开始用知识和名气赚取钱财。

1. 较低的工资收入与功利之风：走穴的动因

走穴的最大"魅力"在于有额外的经济收入。大学教师加入走穴大军，也难逃这一诱因。在很多人眼中，大学教师的工资待遇应该是不错的，但事实上大学教师之间的经济收入差异是非常大的，这与地区、学校、院系、专业、职称、名气等有很大的关系。一些青年教师的工资状况更加不尽如人意，甚至有捉襟见肘的感觉。一份关于高校青年教师的调查显示，约八成被调查的青年教师的年工资收入在 3 万～ 6 万之间，有 68.9% 的教师处于收支平衡或"赤字"状态，仅有 31.1% 的教师每月收支有盈余。[1] 即便处于一

---

① 廉思.工蜂——大学青年教师生存实录［M］.北京：中信出版社，2012：250，252.

线城市的青年教师的工资收入会相对高一些，但是相比于高房价，他们的工资收入也变得相形见绌。于是，校外兼职、走穴不得不成为他们"补贴家用"的一个途径。北京某高校的一位普通讲师曾无奈地透露，他每月的工资在 6000 元左右，算上公积金，一年也不到 10 万，如果没有项目或者外快的话，在北京生活还是有些压力的。[①]

如果说工资收入低是青年教师兼职走穴的主要原因，那么很多教授尤其是知名教授忙于走穴，动辄开口十几万甚至几十万的酬劳费显然就不是工资待遇低的问题了，其涌动的是功利之风。这种追逐功利的心理，使很多教授忙于走穴而疏于教学和对学生的指导。时任华中科技大学校长李培根曾经在"2010 年高等教育国际论坛"上表示，仅仅靠国家规定的工资收入，高校教师的待遇就太差了，这让某些在教育机构兼职的老师有了为房为车、追名逐利的借口。前半句可以算作是在为教师鸣不平，但后半句却着实道出了高校教师的功利主义气息。正如他所言，"现在，我们不得不承认的一个现实是，对教育的敬畏感正在逐步削弱甚至丧失。功利主义、拜金主义比任何时候都更严重地侵蚀着教育的肌体。"[②]

兼职，顾名思义，指教师从事第二职业。走穴在一定意义上就是教师从事第二职业。但是，当人们用走穴代替了兼职来谈论教师时，实际上已经暗指了教师的追名逐利行为，也隐含了公众对教师功利化风气的担忧。

2.服务社会抑或增益专业发展：为走穴寻找的保护伞

今天，教师走穴更多地指向大学教师，中小学教师走穴则被称为有偿家

---

① 见《大学教师忙着搞副业，走穴像明星一次 20 万》，来源于人民网，2012 年 11 月 9 日。
② 见《华中科大校长"根叔"：工资低逼高校老师忙创收》，来源于《华西都市报》，2010 年 11 月 1 日。

教。对于中小学教师的有偿家教，经过一段时间的争议后，社会基本形成了一致的态度——不赞成，教育部在《中小学教师职业道德规范（2013 年修订）》等文件中也做了明确的规定。但是，对于大学教师走穴，人们却发现其势头丝毫不减，并且相关规定虽有禁止，但缺少操作性，存在执行难等问题。难怪人们质疑，"名师可风光走穴，教书匠不能有偿家教？"仔细打量，其实不难发现，走穴被包装了，被两个"正当"的理由包装了，它们为走穴撑起了保护伞。

> 大学凭常规的学术功能，通过教学项目、科学研究和技术援助等手段承担着满足社会需求的重要职责。
>
> ——［美］德里克·博克

第一个理由是，走穴体现了大学服务社会的职能。大学有四项基本职能——教学、科研、社会服务和文化传承。社会服务职能的确立源自威斯康星思想，这是由时任威斯康星大学校长的查里斯·范海斯（Charles Richard Van Hise）提出来的。威斯康星思想的核心内容是，"大学要走出围墙，把大学的知识和技术优势推向社会，传播于社会，让大学中的专家、学生直接参与当地的农业生产，实现大学与社区、社会的一体化。"① 社会服务职能的出现与履行推动了大学与社会之间的联系，推动了现代大学及其理念的形成和发展，加强了大学在社会发展中的作用。

毋庸置疑，大学教师应用其学识专长服务社会，是大学服务职能的重要体现。于是，一些人借此对走穴冠以服务社会的美名，使之变成一件顺理成章的事情。尤其在今天这个越来越依靠知识推动社会发展的时代中，服务社会这一美名不仅符合了时代所需、迎合了市场需求，也更加博得了一些教师

---

① 张应强.高等教育现代化的反思与建构［M］.哈尔滨：黑龙江教育出版社，2000：157.

的认同，认为"高校教师是一种资源，到社会上讲课，其实也是社会资源的合理利用，是名副其实的靠知识吃饭，恰恰反映了社会进步。"①"服务社会"的美名令教师可以"理直气壮"地面对走穴。很多高校也有同样的认识：大学教师是社会的重要资源，利用课余时间兼职走穴，本是服务社会，无可厚非，强令禁止更是不妥。所以，很多高校对教师走穴基本都采取宽松的态度。事实上，很多时候学校的这种宽松态度还隐藏了另一种考虑，这就是教授校外讲座、兼职客座教授等，不乏是扩大学校知名度、影响力，乃至网罗更多学术权力和资源的一种方式。

第二个理由是，走穴是增益教师专业发展的途径之一，尤其是对于一些社会实践性较强的专业，如经济、管理、法律、金融、新闻等。这些教师认为，自身专业的社会实践性较强，所以必须走出校门和社会接触。校外讲课、培训等，既有助于教师了解行业的真实情况，拓宽专业视野，捕捉现实问题，增进研究的现实性，也能为校内的教学提供具体、生动的案例，增进教学的实践性。甚至有人认为，今天高校中的教学型教授太多，实践型教授太少，到校外讲课是增进教师与社会交流的好机会。②

美国耶鲁大学校长理查德·雷文曾指出：大学可以以多种方式服务于社会，但主要的有三种，即基础研究、人才培养和履行好机构性公民（Institutional Citizenship）的义务。履行好机构性公民的义务，大学可以通过参与社区建设、提供智力支持的方式直接为当地的经济发展，"邻里"（学校周边）关系的改善、公共教育、健康关怀、社会服务和环境意识的提高作出自己的贡献。③以增益专业发展为走穴寻找借口，显然是立不住脚的，这不过是为自己的行为撑起了一把保护伞。

---

① 见《京城教授日进万金 "走穴"纳税成为"盲区"》，来源于千龙网，2004 年 4 月 21 日。
② 同上。
③ 启迪领导智慧憧憬大学未来——中外大学校长纵论大学创新与服务 . 教育发展研究，2006（8A）.

社会服务需要伦理护航

从外在形式及其产生的社会效用上看，走穴可以看作大学教师服务社会的一种方式，在一定意义上它显现了大学教师的社会贡献，但这恐怕只是其附带实现的效果而已。因为走穴与私利直接有关，或者说以追求私利为首要目的，而社会服务则不然。早在威斯康星思想中，范海斯就指出："教育全州男女公民是州立大学的任务，州立大学还应促成对本州发展有密切关系的知识的迅速成长。州立大学教师应用其学识专长为州作出贡献，并把知识普及于全州人民。"[①] 这鲜明地定位了社会服务职能的宗旨或目标——服务公众利益。这一理念的内核为社会服务确立了最基本的伦理规定——社会责任，也就是大学教师作为知识分子服务公众利益的社会责任和情怀。所以，社会服务与走穴是有本质差别的。当获取私利的动机或目的遮蔽了服务行为蕴含的责任伦理时，社会服务的质量难免不会受到影响，甚至会给社会利益造成损伤，进而会损害人们对大学和大学教师的敬意。

走穴之所以受到诟病，还与它冲击了教师另两项重要的职责——教学和科研——直接相关。在教学、科研和服务这三项大学职能中，教学是基本的，科研是重要的，服务是融入其中的。换句话说，教书育人、学术研究本

---

① 陈学飞. 当代美国高等教育思想研究［M］. 沈阳：辽宁师范大学出版社，1996：31.

身就是教师服务社会的方式，而且是一种根本性的方式。在社会服务思想兴起之初，范海斯就明确了这一点。他经常告诫威斯康星大学的教授们，不应忘记最大的服务是自己创造性的研究工作和培养新一代的学者。[①] 然而，今天很多教师习惯将社会服务与教学、科研分隔开来。这种错误的理解造成的结果就是，他们一旦忙于各种社会服务活动，教学和科研特别是教学必然要作出让步。这不但会激起学生的不满，而且并不能增益其社会贡献，因为培育人和发展科学的社会效应，远远胜过兼职讲课、讲座乃至成果转化带来的社会贡献。所以，没有伦理护航，社会服务行为不免会对教学、科研构成危险。

总之，社会服务一旦无视伦理规定而沦为走穴，社会、大学、大学教师都会受到影响，当然受伤最重的莫过于学生。这不仅仅因为教学责任的懈怠，也在于教师可能传达的消极价值观。当学生知道自己的老师是为了出去赚钱而不来上课，教师所谓的做研究、拉课题、搞项目不过是为了网罗更多的钱财，谁能担保学生不会受到影响。事实上，这种不良影响已经在当今的学生身上有所表现。原复旦大学校长杨玉良曾批评道，当今的大学生太功利了，遇到大学者一拥而上，把事先准备好的推荐信拿出来，请他们帮忙签名，为其出国增加筹码。他认为，学生的这种急功近利做法虽然受到社会风气的影响，但也与教师的行为不无联系，尤其是走穴而荒于教书的行为。[②] 当学生发觉那些生活在"象牙塔"中的学者已经进入了"名利场"，他们受到影响的，恐怕不仅仅关涉积极的人生价值观，还有他们对于知识、科学和未知世界的憧憬、探索兴趣与热情。

---

① 康健."威斯康星思想"与高等教育的社会职能［J］.高等教育研究，1989（1）.
② 见《复旦大学校长批教师学风不正 大学生急功近利》，来源于《新闻晨报》，2010年9月18日。

大学的良心——
高校教师师德案例读本

社会服务的伦理构成

社会服务是大学教师的一项职责，履行职责本身就蕴含伦理要求。以伦理之道行服务社会之举，不仅能规范服务行为，而且能提高服务质量，彰显大学教师的知识分子本色。

1.具有积极服务社会的责任意识

每一项职业活动都蕴含责任要求。享有知识分子赞誉的大学教师参与面向公众利益的社会服务活动，更难以逃脱责任的期待。这意味着，敬心、负责地对待服务工作，是社会服务伦理的首要和核心要求。这包含两点：一是教师要深知服务行为关涉社会责任，二是教师应该积极履行社会责任。

不可否认，当今大学教师的社会服务都有利益回报，这在一定意义上会促使教师表现出"认真负责"的举动，因为这关乎其利益的持久性。但是这种"负责"并不是真正意义上的"责任"，真正的责任是出自主体对所处社会关系关涉的角色及其义务的认识和体悟，而不是纯粹的利益考量。大学教师能受到公众的邀请，从事社会服务活动，很大意义上表达了人们对大学、对教师的尊敬和信任，这是对知识的尊重和信任，也是对知识拥有者良好品质的信任。换句话说，服务行为承载的是服务者的角色及其应尽的义务。今天，人们质疑、批评大学教师的走穴行为，除了担心它会干扰教学、科研职责外，还担忧它会让教师忽视自身肩负的社会责任，忽视服务公共利益的情怀，出现敷衍、急功近利乃至不道德的举动，进而伤害公众利益。因此，教师应该深刻认识到社会服务所关联的这层伦理关系及其角色要求，而不仅仅是关注服务附带的利益，这样才不会让服务行为轻易受到利益的驱动。事实上，受利益驱动的行为总会因利益刺激的不同而发生改变，这种"负责"多是一种权宜之计，而受责任引导的行为始终会呈现出一种稳定的状态，这种负责才是一个人品质的体现。

2008年，中国工程院院士、时任浙江大学药学院院长李连达因其所在课题组的学术论文涉嫌学术造假被举报。事件曝光后，李连达表示自己一无所知，并解释称浙大药学院院长只是自己的兼职，每年去的时间有限，每次去更是只有一天时间用来指导学生，而且还是集体开会的形式。对于这一解释，人们并不给予"同情"，反而表达了更大的质疑和思考：兼职教授难道就可以不尽到教授的责任吗？其实类似李连达的这种"只挂名不工作"的兼职现象在我国高校中并不少见。归根结底，只有深知社会服务承载的道德责任，深切懂得自身行为关联的他者利益，尊重他人的信任，一个教师才能认真地、自觉地履行服务者的角色，负责地从事服务社会的活动。

当然，服务社会的责任意识还包含一个前提性条件，这就是教师要有积极服务社会的意愿和责任，也就是教师要深知自己有义务为社会提供服务，并且能积极参与社会服务活动。

相比于忙于走穴的教师，有一些大学教师不屑于、不愿意从事社会服务活动。这些教师往往认为，为一些成年人讲授课程、开展讲座、与企业合作，甚至为大众刊物、报纸撰写一些通俗的文章等，都是不务正业的表现，它们远不及学术研究来得必要和重要，因而通常会推掉各种参与社会服务的机会。确实，从走穴的角度看，社会服务是个人获取经济利益的行径，但从大学与社会关系的角度看，社会服务则是大学教师社会价值和职责的体现。"如果大学拥有大量的为社会服务的知识，但缺乏把这些

> 大学现在不仅是美国教育的中心，而且是美国生活的中心。它仅次于政府成为社会的主要服务者和社会变革的主要工具，……它是新思想的源泉、倡导者、推动者和交流中心。
>
> ——［美］约翰·S·布鲁贝克

知识勇于实践的决心和责任，那么公众就会认为大学是无用的，失去了存在的根据，因此就不会再为大学提供经费了。"[①]利用自己的学识与思想为民众提供帮助，关注现实并积极实现科研成果的现实转化，不仅有益于社会发展，也有益于科学进步和大学教师的科研发展。参与社会服务体现了大学教师应有的社会责任，体现了他们的公共关怀意识和精神。因此，大学教师不应该排斥、贬低社会服务，相反应该在力所能及的范围内积极履行社会服务职能。

2. 以学者的品质服务社会

大学教师通常被人们誉为专家、学者、知识分子，因为他们具有学识专长，具有缜密的思维、先进的思想、广阔的视野以及理性批判的态度。这些特质决定了大学教师在社会服务中必须保持学者的眼光，坚持学者的品质。这是社会服务责任的深层内涵所在，也是大学精神的重要显现。

---

① ［美］约翰·S·布鲁贝克. 高等教育哲学［M］. 王承绪，郑继伟，张维平，等译. 杭州：浙江教育出版社，1987：55.

以学者的品质服务社会，至少包含这样两个内容。

第一，大学教师必须科学、实事求是地为社会提供服务，不能卖弄知识，不能为了商业利益弄虚作假，更不能允许他人利用自己的知识和技术行非法之用。近年，高校教师除了在学术研究上出现不端行为外，还出现了为了谋取名利不负责任地将未经深度验证或相关程序科研成果投入实践的事件。这不仅是学术道德问题，也是社会服务伦理问题。

第二，大学教师必须保持智者的智慧和仁者的勇气，保持学术自由精神、理性精神和批判精神，不能受制于社会即时需要，不能单纯迎合社会的功利化需求，要以学者对于学术、真理的态度，辨识社会的服务需要，并敢于对各种不良社会观念和现象进行批判和抵制，发挥引领社会的作用。当今，社会变革的速度

> 如何更密切地联系社会而又不陷入它的盲目、迷茫和无序？如何在满足社会即时需求的同时而又不忽视大学对人类文明应承担的更重要的责任——发展它的文化、解释它的过去以及增进对人类自身的了解？……（那就）努力做到把服务外部世界和较少功利性的学术追求结合起来。
>
> 虽然满足社会的即时需求可能有它的直接重要性，但对基础知识和认识能力的探求则是一个更为重要的目标。
>
> ——［美］德里克·博克

和复杂性在加剧，物质化、功利化的氛围弥漫周围，每个人都面临利益与志趣之间的博弈、物质与精神之间的纠结、适应与超越之间的困惑。人们容易迷失自己，大学教师也遭遇同样的挑战，尤其是在充斥利益诱惑的社会服务领域中。如果大学教师在良莠不齐的观念碰撞中，在各种利益的冲击下，不能保持学者的清醒头脑和独立品质，不能辨识是非，反而持"鸵鸟"心态或

起推波助澜的作用，那么他们不但有违服务社会的责任，辜负社会和民众对大学教师学者身份的尊重和信任，更将给社会造成巨大的伤害。美国教育家弗莱克斯纳曾说过："大学不是一个风向标，对社会每一流行风尚都作出反应。大学必须经常给予社会一些东西，这些东西并不是社会所想要的（wants），而是社会所需要的（needs）。"① 因此，教师既要利用学识服务社会，更要以学者的视野、理性思维和批判精神，服务社会、引领社会，为社会的当下发展和可持续发展贡献力量。

3.遵守服务道德

参与社会服务，大学教师就要遵守社会服务行业的普遍道德，这就是诚信、守法、公平竞争。这不但是大学教师基本公德素养的体现，也是其学者风范的展现。

诚信是一个人的美德，也是基本的社会公德。在参与社会服务中，大学教师应该做到诚实守信，承诺他人的事一定做到，而且在能力不及或力不从心的情况下不强力而为，尤其不做欺瞒服务对象的事情。今天，人们已经发现有些大学教师不但自己赶场子式地忙于走穴，而且大胆地"承揽"各种业务，要么交由研究生完成，要么让其他教师甚至不太精通此领域的老师代劳。这既影响了社会服务的质量，也影响了他们的声誉。

法律是人们社会生活的规范底线，知法懂法守法，依法从事服务活动，是教师从事社会服务的最基本的伦理要求。教师既不能为了经济利益钻法律的空子，比如有教师千方百计地通过各种方式对自己的校外收入进行避税，

---

① ［美］亚伯拉罕·弗莱克斯纳.现代大学论——美英德大学研究［M］.徐辉，陈晓飞，译.杭州：浙江教育出版社，2001：3.

更不能为了经济利益而从事非法活动。兰州大学化工学院实验中心主任张功成的例子就是警示。自 1998 年以来，张功成一直在为一个毒品走私犯罪团伙提供技术支持，并为其提供制造冰毒、"摇头丸"的资料，为其鉴定样品的真伪，帮助其检验毒品纯度，还为其从麻黄草粉、麻黄浸膏中提取麻黄素进行实验等，从中共获利 11.5 万元。很难想象一个受学生、同事尊敬，受领导信任的教授竟会成为犯罪集团的帮凶。张功成走上犯罪道路的主要诱因金钱，正确看待物质利益是社会服务伦理不可回避的一个重要问题，也是守法服务的重要前提。

公平竞争也是教师需要遵守的服务伦理。在社会服务中，有时基于利益难免会出现不正当竞争的行为，比如歪曲他人的服务行为、捏造不良信息。在学术研究中已经出现教师恶意诽谤的行为，除了同行间的妒忌外，这也是不正当竞争学术资源的结果。在社会服务中，教师同样应该尊重他人的社会服务行为，更要积极形成合作，共同提高社会服务的质量。

大学教师如何恰当地服务社会

知识和科技的迅猛发展，推动了教育和社会的发展，也推动了人们对大学教师学识专长的需求，因此大学教师被提供或邀请参与社会服务的机会越来越多。如何负责地从事社会服务活动，日益成为大学教师一个重要的伦理话题。

1.正确对待经济利益

以劳动获取报酬是一件天经地义的事情，大学教师通过社会服务获得一定的经济回报本也无可厚非。问题的关键在于，教师应该把握好社会服务与经济利益回报之间的关系，不能无度地追求经济利益。

首先，树立正确的服务观。在当今社会中，以学识专长赢得经济利益，已经成为一种较为普遍的趋势，甚至已经演绎为某种"荣耀"的象征。这时，苛求教师一定要义务劳动、要淡泊名利，显然是不太合适的。但是在社会服务中，教师也应该注意认识社会服务的意义，将其与个人教育职责的履行、社会价值的实现、良好社会形象、声誉的建立等联系起来，积极体验在服务中获得的专业成就感和社会认同感，而不仅仅专注服务带来的经济效益。那些动辄"出场费"几十万的要价，或者因"出场费"而调整服务行为投入程度的做法，都是不尽合理的。

其次，坚持以义取利的原则，就是以道德的方式获取物质利益。这是所有附带经济利益回报的行为的基本存在之道。在这里，守法是以义取利的最低要求。在此之上，教师应该坚持"己所不欲，勿施于人"的准则，在获利时不伤害他人的利益，包括服务对象与相关群体的利益。

更重要的还在于，在市场经济浪潮中，在功利化的社会氛围中，教师应该在一定意义上保持学者的崇高学术追求和精神境界，保持一定的超脱精神，不屈膝于世俗的实用观念，抵制膨胀物欲的冲击。

对于很多青年教师而言，处理好现实困境与长远发展之间的关系对于正确看待物质利益问题也是非常重要的。虽然在短期内，青年教师面临比较大的经济生活压力，但他们应该认识到教书育人、发展学术才是大学教师的立足之本，因"补足家用"而忙于走穴，既会干扰他们价值观的形成，也会影响其未来的发展，可谓得不偿失。当然，这也需要高校尽量帮助青年教师解决近前的困境。

2.正确处理教学、科研与社会服务之间的关系

相比于教学、科研这两项职责，社会服务是居于其后的，它不能僭越教学和学术研究，这是大学精神所决定的。走穴遭到诟病，往往是因为它严重干扰教师的教学和学术研究工作。协调好社会服务与教学、科研之间的关系，对于引导社会服务职责的履行是非常重要的。

要协调教学与社会服务之间的关系，教师必须深刻认识到教学的基础地位，认识到学生对教师的首肯来自于教学，必须强化对教学责任的认识，坚持做好教学工作。在时间、精力允许的情况下，大学教师可以从事社会服务

活动，但绝不能为社会服务而推卸教学工作，不能因忙于走穴而随意调课、压缩课时、草草备课上课、让研究生代课，乃至缺课、疏于指导学生等。一些大学教师，特别是被认为实践性较强学科如经济学、管理学、法学、新闻传播学等的教师还应该摒弃这样的走穴借口：只有走进社会、接触实践，才能为教学积累丰富的案例或素材。这样的观念一旦牢牢占据，教学就会变成走穴的附属品，而且还可能诱发教师的功利欲望。

"大学者，研究高深学问者也。"学术研究是大学教师的象征，也是生存之根。教师从事社会服务，绝不能影响学术研究。原复旦大学校长杨玉良针对教师的"走穴之风"曾指出："为社会服务是大学应该有的责任，但必须在深入细致的学理研究基础上，为社会提供高水平的服务。"[①]可是，很多教师往往忘记了这一点，忙于"接洽"各种服务活动而疏于学术研究。教师应该认识到，良好的学术研究是参与社会服务的基础，没有学术研究，社会服务对于大学教师而言没有任何实质意义。忙于社会服务而疏于学术研究，既会影响学术专长的深度、创新性，也会影响其社会服务的质量和声誉。

要处理社会服务与学术研究的关系，教师还应该正确处理好学理研究与实用研究之间的关系。对于一些理工学科而言，学术研究确实面临成果转化问题，其研究的价值往往也需要通过社会的实际应用来验证和体现，于是出现了很多实用研究。比如，一些老师忙于"接活"，也就是根据一些企业或公司的要求开发某种产品，然后由企业或公司推广制作成商品。这固然可以视为一种科研形式，而且不乏直接实现了研究的实际效益，但这种研究往往是片段化的，或者说具有很强的实际任务性。专注于这种研究，尤其是基于经济利益的刺激开展研究，会在不同程度上影响教师学术理论研究的系统

---

① 见《复旦大学校长批教师学风不正　大学生急功近利》，来源于《新闻晨报》，2010 年 9 月 18 日。

化、深入化和创新性的发展，最终势必干扰教师的实用性研究。因此，在社会服务中，教师应该注意协调应用研究与理论研究之间的关系，既不能局限于理论研究，缺乏实践关怀，也不能以应用研究取代系统、缜密的学术研究。因为学术研究一定是以探索事物的发展真理和永恒知识为根本旨趣的，建立在学理研究之上的应用研究才有根基和生长空间。

3.注意教师的人格示范作用

　　"这种风气对学生的危害很大，学生也在看着你，你是怎样的一个人。对于教师来说，'身正为范'比'学高为师'更重要。"[①]这是原复旦大学校长杨玉良针对教师走穴之风给学生造成的影响所说的一段话。今天，教师的走穴风气确实在一定程度上向学生释放出了功利化的信号，影响了他们的价值观。网上就曾有学生毫不忌讳地说："在考研选择导师的时候，大家也爱把兼职教授或走穴教授当成首选。毕竟，老师的路子宽广，学生才能有更多锻炼和就业的机会。许多'财富'研究生，都是通过陪教授一起走穴发的家。"[②]从这点来看，为避免陷入走穴，尤其避免出现因兼职而懈怠教学的行为，教师应该深刻认识并坚持教师职业的内涵和教育使命，注意自身言行举止对学生可能产生的不良影响，严

> 如果大学想要说明社会的诸多弊端和不公正的现象，他们会想办法先帮助学生更深入地思考和认识这些社会问题。
>
> ——[美] 德里克·博克

---

① 见《复旦大学校长批教师学风不正　大学生急功近利》，来源于《新闻晨报》，2010 年 9 月 18 日。
② 见《偏偏喜欢走穴教授：实践经验好路子广机会多》，来源于《中国青年报》，2006 年 11 月 16 日。

格要求自己，自觉追求积极乃至高尚的价值观。对于学生身上的不良风气，教师进行正面引导也是极为必需的。

另一方面，教师的人格示范性也具有社会意义。就是说，教师的人格不仅会对学生产生潜移默化的影响，而且会影响社会风气的发展。如果整个教师队伍出现不良风气，人们的担忧将绝不仅仅限于教师职业和教育事业本身，而会波及对社会的信任和希望。那些被经济利益熏得团团转的走穴教师，那些为了经济利益而迷失是非判断行非法行径的教师，已经完全忘记了自己的"教师"身份，忘记了它的深刻意涵，更早已将职业的示范性抛在了脑后。在这一角度上，教师深刻认识职业人格示范性的重要社会意义，谨记教师身份，珍重教师职业，珍惜学者的荣誉，以人格示范性要求自己，注意维护和展现学者应有的风范和品质，有助于引导、推动教师自觉地严格遵守社会公德，尊重知识，尊重社会民众的信任，尊重服务对象，积极、负责地贡献自己的学识专长，服务社会，贡献社会。

4.学校加强对教师社会服务行为的规范管理

高校教师走穴之风有个人原因，但学校对教师的社会服务行为缺乏规范引导和管理，对不良行为缺乏有力的惩治，不免也起了推波助澜的作用。比如，一些高校要求教师寻找横向课题，希望一些教授"兼职"做外校的客座教授，或争取某个社会机构或组织的成员资格，以为扩大学校的荣誉添砖加瓦。无形中，这暗示教师可以走穴，诱发了不良社会服务行为的出现。2006年，日本千叶大学研究生院教授杉山和雄擅自在校外兼职被曝光后引咎辞职的消息，成为媒体的关注点。杉山和雄教授7年间共从国内外的十多家企业获取约5600万日元（约47.5万美元）的报酬。这个事件令我们不得不反思我国高校在此方面存在的漏洞。教师可以因为教学失职、学术不端受到惩处，同样也可以因为忙于社会兼职受到惩处，这是大学应明确的立场和态度。

引导教师良好的服务行为，还需要学校科学、规范的管理。学校对教师固定的校外兼职要进行审查、登记，对教师的社会服务伦理作出明确规定并加以宣传。同时，学校应该对教师的社会服务行为进行监督，对不良的服务行为或倾向及时进行规范、引导，对教师因忙于社会服务而疏于教学、学生指导工作的行为要严厉惩治。

拓展阅读

师道的力量

孟二冬（1957—2006），生于安徽宿县（今宿州），北京大学中国语言文学系中国古代文学教授、博士生导师。多年来，孟二冬热爱教育事业，热爱学生，坚持不懈地教育学生追求真知、树立正确的人生理想，成为学生健康成长的良师、高尚人格的楷模。为支援新疆高等教育

事业的发展，2004 年 3 月，孟二冬主动要求参加北京大学对口支援石河子大学教学的工作。他在剧烈的咳嗽中坚持讲完最后一节课，倒在讲台上。经医院诊断，他已患食管恶性肿瘤。2006 年 4 月 22 日，孟二冬因病医治无效于北京逝世，享年 49 岁。原人事部、教育部授予孟二冬"全国模范教师"荣誉称号。

石河子大学位于新疆天山脚下的军垦新城石河子市。这所在戈壁滩上建起来的大学，在教育发展的新时期里期盼着加强与内地高校的交流。2004年3月2日，孟二冬来到石河子大学。来到石河子大学的第二天，他就要求上课。

正式上课的时间是下午4时，他提前来到教室。谁知教室里已座无虚席。看着台下那一张张求知若渴的面孔，孟二冬感动了，他提前10分钟便开始授课。那节课，他讲得激情澎湃，学子们听得如醉如痴……此后，他每节课都提前10分钟开讲。他说："支教的时间有限，我要把分分秒秒充分利用好，尽可能多地给学生们传授知识。"他要求教学秘书增加他的课时，达到了正常工作量的3倍。除了给学生上课，他还为中文系的教师们开设了"唐代科考"的选修课。白天连轴转般讲课，晚上一吃完饭他就钻进图书馆，直到闭馆的铃声响起，才依依不舍地离开。在石河子大学的日子里，无论刮风下雨，他天天如此。为了答谢支教的北大老师，一天晚上，文学艺术学院领导班子请孟二冬等人吃饭，孟二冬却婉言谢绝了："心意领了，饭就不去吃了，我还要备课。"文学艺术学院院长李赋说："您是博导，教本科生还要备课吗？"孟二冬却认真地说："我多年来已经养成了习惯，只要明天有课，不管面对什么层次的学生，晚上我都要备课！"

上课时，为了方便同学们记笔记，孟老师不停地往黑板上写字。孟老师的板书，不是从左至右横着写的"现代版"，而是像古籍那样自右向左竖着写。这样的板书格式，配上孟老师那流畅飘逸的字体，让人充分领略到中国古典文学特有的美感。一堂课下来，这样的"古籍书法"板书，孟老师至少要写二十多块，常常是汗水湿透衬衫。板书成了孟老师课堂上的一项"保留节目"。

初到石河子大学，孟二冬给学生们这样一个印象：不单学识渊博，课讲得好，身体也很好。能够容纳两百多人的教室，他不用麦克风，清晰洪亮的声音就可以传遍教室的每个角落。然而从第二周开始，同学们发现，孟老师洪亮而富有磁性的嗓音开始变得嘶哑了。起初，大家都没有太在意，以为是新疆气候太干燥，加上孟老师的课排得太多的缘故。孟二冬对此更是没放在心上。系领导劝他多注意休息，他却开玩笑说："我这种沙哑的嗓音，是不是有点像你们新疆的歌手刀郎啊？"时间一天天过去了，孟二冬嗓子的嘶哑程度不但没有好转，反而更严重了，还时常伴着阵阵咳嗽，连喝水、吞咽都十分困难。为了让同学们能听清讲课内容，他不得不用上了麦克风。麦克风先是放在讲桌上，后来不得不别在胸前。再后来，只得移到嘴边。尽管发声困难，但课堂上孟二冬一句话也不肯少说，总是力求讲解得更生动、更详细。2004年4月26日，他在剧烈的咳嗽中坚持讲完《唐代文学》最后一节课，倒在了讲台上。经医院诊断，他已患食管恶性肿瘤。

回京治疗期间，孟二冬还关心石河子大学的师生。他曾派自己的三个博士生千里迢迢赶到石河子大学进行教学辅导，并带去了价值数千元的《全唐文》《文苑英华》等书籍和光盘。

2006年4月22日，年仅49岁的孟二冬因病情加重，医治无效，在北京去世。6月5日，他的女儿孟菲致信胡锦涛总书记，寄情、致谢、言志；6月9日，总书记满怀感情地写了回信；9月7日，新华社发表消息，报道这封信在全国教师中引起的强烈反响。老师们说："这不是写给孟菲一个人的回信，这是写给所有教师的。"

（资料来源于网络）

胡锦涛同志给孟二冬女儿的回信

我是含着热泪读完你这封来信的。你对爸爸无尽的思念，你记述他在最后的日子里仍惦记着他的学生、眷恋着他未竟的事业，所有这些，都使我深受感动。你爸爸是一位平凡的学者，但他以勤勉踏实的治学精神攀登学术高峰，作出了不平凡的业绩。你爸爸是一个普通的教师，但他为人师表的高尚品德却深深打动了每一个人，给人以心灵的震撼。你爸爸不愧是教书育人的杰出楷模，不愧是当代中国知识分子的优秀代表。你爸爸的去世，对你们家人是无可挽回的损失，对北大、对国家教育事业也是一个重大损失。

孟二冬教授一生挚爱博大精深的中华文化。他不仅在浩如烟海的典籍中学习和研究中华文化、在三尺讲台上讲授和传承中华文化，而且以自己的模范行为诠释和躬行中华文化的精髓。他把自己有限的生命全部用来报效祖国和人民。在他身上，不仅体现了学识的魅力，而且体现了人格的魅力。他的崇高精神和品德值得各行各业的人们认真学习。

你在来信中表示，决心继承爸爸的遗志，选定教师这个职业，继续完成爸爸未竟的事业，这令我十分欣慰。相信你一定会继承和弘扬你爸爸的崇高精神，刻苦学习知识，加强品德修养，努力成为对祖国、对人民的有用之才，不辜负你爸爸对你的殷切期望和嘱托。

（摘自《人民日报》，2006 年 9 月 21 日第 13 版）

专题七　个性心理品质关乎师德吗

——良好个性心理品质的形成

令人担忧的高校教师心理状况

2013 年 4 月 1 日，中山大学法学院 37 岁的副教授谷德近跳楼自杀。谷德近老师于 2006 年武汉大学博士毕业到中山大学任职，2011 年晋升为副教授，按照学校的规定，这意味着获得了中大的终身教职。据中山大学很多老师反映，中山大学的学术环境和教师考评体质比较宽松。该校法学院的一位副院长透露，学校对副教授每年考核的基本要求是完成 250 个工作量和发表一篇非核心期刊学术论文。相比之下，一些同级别的学校对教师的考核标准则要高一些，一般都要求教师特别是高级职称的教师每年至少在 CSSCI 上发表一篇文章。中山大学的教师考评标准应该说是"国内同级别学校要求最低的"[1]，稍微用心工作，都能轻松完成。所以，可以说谷德近老师的事业发展将是一帆风顺的，未来的生活也有了保障。但是，谷老师却一直在自我加压，每年实际完成的工作量往往都超过考核指标两倍。

谷老师的自杀在高校教师中并不是个案，近年来高校教师自杀的事件屡屡发生。2007 年 12 月，中国人民大学文学院教授余虹坠楼自杀；2012 年 2 月，浙江大学副教授韦亚平在浙江省舟山市住建委挂职期间跳楼自杀；2012 年 3 月，39 岁的中国人民大学化学系主任、教授、博士生导师曹廷炳在校

---

[1] 见《高校教师自杀事件背后：凸显心理健康危机》，来源于新华网－瞭望东方，2013 年 6 月 22 日。

园内坠楼身亡；2013 年 2 月，享受国务院政府特殊津贴的江西师范大学哲学教授郑晓江在自己的住宅小区内坠楼自杀身亡。

自杀是高校教师的极端不良表现，但是情绪衰竭、个人成就感低、职业倦怠、人际关系不协调等心理问题则是相对较为普遍的事实。有调查显示，高校教师在情绪衰竭和个人成就感低方面问题比较严重[①]；66.7% 的被调查高校教师感到身心疲惫；近 50% 的被调查教师认为自己的工作枯燥无味，缺乏创造性；近半数的被调查教师感觉工作时不太幸福，缺乏成就感。在遇到困难时，近半数的被调查教师不能从领导和同事那里得到帮助，超过 36% 的被调查教师认为同事之间关系不够和谐，26.7% 觉得师生关系不够良好。[②]

这般境况中的高校教师，或许是很多人没有想到的，但它就是这么真实地发生了。这让人们对高校教师这一职业和他们的生活有了更多的了解，也有了一丝震惊和疑惑。

事实上，不论是自杀还是诸多心理不良表现，都暴露出高校教师在心理健康方面存在的问题。在这些问题背后，人们不禁对高校教师的生活境况、内心世界产生疑问：是什么让高校教师的心理变得如此不堪重负？与此同时，人们亦心生更多担忧，这些担忧不仅仅关乎高校教师本人，恐怕更掺杂着对社会和教育发展的忧虑。

---

① 邱秀芳.大学教师心理健康、职业枯竭与主观幸福感的相关研究 [J].理工高教研究，2008（6）.
② 么娜，王颖，王志路.高校教师心理健康素质现状研究 [J].教育与职业，2012（3）.

大学的良心——
高校教师师德案例读本

背负压力的独行者

近年，由于高校教师自杀现象的曝光，高校教师的心理健康问题日益引起人们的关注。这慢慢让人们发现高校教师的体面生活背后潜藏着沉重与孤独。

1.体制压力裹挟下的被动生存

在一般人眼中，高校教师不必像中小学教师那样每天早出晚归，也不用被限制在学校固定的工作时间中，更不需要面对中小学升学考试的压力，甚至都不需要每天批改大量的学生作业。所以，他们往往被认为是比较轻松的一群教师，殊不知他们却承受着巨大的职业压力。

科研、职称是当前压在教师心头的两座大山，而且还是两座不断升高的大山。在这种体制中，论文、著作、教材、课题、精品课程、获奖等逼迫教师越来越全能，而且容不得教师慢慢来。压力本是人应有的一种心理状态，适当的压力会带给人前进的动力。但问题是，高校教师面临的压力并不是来自个体自身的内在需求，而是来自外在利益的绑缚。目前高校的科研体制和职称晋升机制都附着了利益，包括物质激励、学术资源、教育教学权利、发展机会等。如果不努力科研，不努力顺着职称的梯子向上爬，就意味着各种有利资源的受限或绝缘。由此，对于一些高校教师而言，教师仅仅是一个职业，各种努力不过是为了获得更好的职业生存。在象牙塔中，那种对知识的好奇，对真理探索的渴求，已经不是一些教师科研的主要动力，也不是他们在职业生活中能感受到的乐趣和价值。被动科研已经成为当今不少高校教师的教育生活状态，明知不情愿，但又不得不为之。

更令很多教师茫然、纠结的是，他们还必须游刃有余地穿梭在教学和科研之间，一面是科研的压力，一面是教学的需求。事实上，面对学生规模的增大、学生需求的高涨，以及知识更新的加快，教师也面临着很多的教学困惑和挑战。角色的冲突、困惑，加重了教师的工作压力。久而久之，很多教师深感身心疲惫，情绪低落、抑郁等。

2.自我施压的工作状态

在人们的传统观念中，受教育水平越高，往往意味着一个人的学识越渊博，这个人越优秀。"优秀"成为大学教师无形化的一个标签，"追求优秀"也成为他们对自己的发展要求。这种要求有时会导致两种不良的心理：一种是不甘落后的心理，一种是追求高成就感的心理。前者在意的是他人对自己能力的评价。同样都是博士毕业，如果没有成果，不能按时晋升职称，别人会怎么看？专业上优胜劣汰的竞争压力，时时困扰着他们。后者在意的是自我价值的确证。只有努力工作，不断产出成果，才会感到生活充实而有价值，才会感觉没有浪费人生，对得起之前的努力。尽快获得更大的发展，乃至成功，往往是他们关心的大事。

"追求优秀"的理想或人生观本没有任何问题，不甘落后的心理、追求高成就感的心理，也是推动人获得更高提升和发展的重要动力，可是在充满压力的职业环境中，在彼此都被"优秀"的光环笼罩的人际群体中，这种心理逼迫教师走上了自我施压的轨道。于是，紧张、不敢松懈的氛围弥漫在每个教师的心中和人际群体之中，高忧虑、高挫败感、高职业倦怠也容易被诱发。

3. 孤独的个体工作方式

高校教师的工作方式具有相对独立性、自由性。因专业领域和具体学术旨趣的不同，以及分散的不坐班制，教师之间往往缺乏共同工作的氛围，也缺乏彼此沟通的平台和环境。各忙各的、各自为政的工作局面是常态。教学方面如此，科研方面亦如此。教师即便遇到教学上的困惑，也很少想到与其他教师交流、沟通。课题或项目团队有时也是形同虚设，基本上是主持人带领自己的学生承包完成，教师成员发挥的作用大多在课题或项目的申报上。于是，高校教师看似彼此间"相敬如宾"，实则关系疏远、感情相对淡漠。加之"文人相轻"的心理，一些教师容易出现孤独、封闭、固执等人格问题，也会出现与他人交往的障碍问题。

此外，在孤独的个体工作方式中，高校教师"追求优秀"的心理也会诱发工作成瘾的心理问题。工作成瘾是一种不惜以牺牲自我为代价的、强迫性的、不良的工作状态。在行为层面上，表现为过度努力工作；在认知层面上，表现为沉湎于工作，无法自拔。[①] 这会对心理健康产生极为不良的影响，如导致生活满意感下降，但是很多老师却往往不自知，认为这是努力工作的

---

① 张琳琳，David M. DeJoy. 高校教师工作成瘾与心理健康的关系：倦怠与孤独的作用 [J]. 心理学探新，2012（2）.

自然表现。

　　总之，在孤独的工作方式中，高校教师之间缺乏人际交流的机会和深入的人际关系，这会影响教师的归属需要。人际支持需求无法得到良好的满足，也会导致教师出现孤独、无助、情绪低落、缺乏工作热情、职业倦怠等问题。

良好的个性心理品质：不能忽视的师德影响因素

个性心理品质，一个今天人们耳熟能详的词语，也是一个非常受关注的话题，不论是对普通人而言，还是对各行各业的职业人而言。拥有良好的个性心理品质，也就拥有健康的心理。以往，谈及教师素养，通常想到的是职业道德素养、知识素养和能力素养。如今，良好的个性心理品质越来越被认同为教师的重要素养之一。这是因为它不仅影响教师知识、能力素养的发挥和主动提升，而且是影响教师职业道德形成与践行的一个重要因素。

1. 良好的个性心理品质为道德品质的形成提供基础

提及个性心理品质，人们通常想到的是对个体心理健康的重要意义，至于它与师德的关系并不太被关注，这主要是因为它们明显地分属于两个不同的领域。个性心理品质属于心理学范畴，道德属于伦理学范畴，但事实上二者是有关联的。个性心理品质是个体在社会活动中表现出来的比较稳定的心理成分，包括需要、能力、气质和性格等。作为一个伦理学范畴，道德既可以指某种道德规范体系，也可以指个体的道德品质。道德品质即品德，是指个体依据一定的社会道德准则，在行动时所表现出来的比较稳定和一贯的心理特征。它具有心理结构，表现为既包含一定的个性倾向性，如道德动机、道德理想等；又包含一定的个性心理特征，如道德认识、道德情感、道德意志、道德行为。但是，人们往往忽略了道德品质的心理结构，忽视了其心理机制。正是从这个角度，不难看出，个性心理品质与道德品质的形成有关：良好的个性心理品质为道德品质的形成提供基础。比如，道德认知的发展是以基本的认知能力为基础的，如果一个人在认知上存在偏差，那么也会影响他对道德现象、道德规范的正确理解和内化。同样，积极的情绪、情感是道德情感产生的重要基础，很难想象一个有自卑、焦虑、孤僻、多疑、抑郁等不良情绪的人，会对他人有同情心、爱心。此外，个体较强的意志力，较强的爱的需要、归属与尊重的需要等，也有助于推动个体积极践行道德行为。所以，可以说道德的养成与发展是基于人的健康心理品质的。一个人只有拥有良好的个性心理，才能积极内化道德规范，主动践行道德。不健康的心理会干扰道德认知、情感与行为的养成，一个有道德修养的人也会是一个心理健康的人。

事实上，品德与个性心理品质不是截然分开的，它们之间有重合之处，表现为心理健康标准中一般都有道德的成分。比如美国心理学家马斯洛提出的十条心理健康的标准是：（1）充分的安全感；（2）充分了解自己，并对自己的能力做恰当的估价；（3）生活的目标切合实际；（4）与现实环境保持接触；（5）能保持人格的完整与和谐；（6）具备从经验中学习的能力；（7）能保持良好的人际关系；（8）适度的情绪表达与控制；（9）在不违背社会规范的情况下，能适当地满足个人的基本需求；（10）在不违背团体的要求下，能做有限度的个性发挥。① 第九项和第十项明显的也是个人的道德表现。社会学家波孟也曾说，心理健康就是合乎某一水准的社会行为，一方面能为社

---

① 欧阳辉.大学生心理健康学［M］.沈阳：辽宁教育出版社，2001：5-7.

会所接受，另一方面能为本身带来快乐。在教师的心理健康标准中，也有明显的道德成分。我国学者俞国良等人认为，教师心理健康的标准是：（1）对教师角色认同，勤于教育工作，热爱教育工作；（2）有良好和谐的人际关系；（3）能正确地了解自我、体验自我和控制自我（具有较高的教学效能感）；（4）具有教育的独创性；（5）在教育活动和日常生活中均能重视感受情绪并恰如其分地控制情绪。[①]

心理健康的教师应当具有的六个特征：（1）与道德品质有关的特征：奉献精神、良好的道德品质、诚实守信、有爱心。（2）与人际关系有关的特征：开朗乐观、宽容随和的良好人际关系。（3）与责任感有关的特征：有责任心、待人处事公平。（4）与自我效能和情绪有关的特征：良好的适应性、良好的自我调节能力、有自信心、自我评价客观正确、冷静理智、坚毅有恒心、情绪稳定有耐心。（5）与创造性有关的特征：富有想象力、敢于创新、风趣幽默、兴趣爱好广泛。（6）与工作态度和素质有关的特征：积极进取、敬业爱岗、工作认真踏实、文化素质良好。

（摘自《教师心理健康内隐观研究》，边玉芳、藤春燕著，《心理科学》2003年第3期）

综合而言，个性心理品质是影响道德品质发展的一个重要因素。如果教师消沉自卑、郁闷浮躁、喜怒无常、虚荣猜忌、趋利逆反，其师德必然会受到影响。反之，道德也有助于推动良好的个性心理品质的发展，二者是相

[①] 俞国良，曾盼盼.论教师心理健康及其促进［J］.北京师范大学学报（人文社会科学版），2001（1）.

互联系、相互促进的。这提醒人们，在关注师德时不能忽视个性心理品质问题。其实，人的一些失范行为背后的诱因往往是不良的个性心理品质。这在教师身上更有表现。人们看到的教师体罚、师生冲突等都与教师的情绪失控不无关系。如今，在职业生存压力日益激增的氛围中，个性心理品质对师德的影响不能不引起特别的关注与重视。

2. 良好的个性心理品质能增益师德

良好的个性心理品质不仅为师德的形成提供认知、情感基础，还会影响师德践行的效果。

（1）良好的个性品质有助于教师提高工作的投入状态，彰显师德。

虽然不同学者对心理健康的标准有不同的认识，但是普遍共识性的内容是，了解自己、悦纳自己，面对现实、有较强的适应力，积极的情绪，和谐的人际关系。今天，高校一些老师出现了对学生和工作缺乏热情与耐心，对教学工作不认真、精力投入不足、工作无趣、抱怨不休等情形，很多学生也抱怨老师上课缺乏激情、敷衍了事，越来越不愿与学生接触、交流，与学生疏远。这些行为背后通常隐藏了教师的焦虑、倦怠，甚至抑郁、孤僻、偏执等不良心理倾向，也暴露了教师在悦纳自己、适应环境上存在一定的问题。不能悦纳自己，不能面对职业现实，不能适应职业环境，自然无法以饱满的热情投入职业生活。所以，不良的心理倾向会干扰教师对教育工作的积极感知与投入，干扰教师对工作的积极创造与体验，影响其教育责任的落实。即便教师有积极工作的意愿和责任意识，但不良的心理倾向也会为师德的积极践行设置障碍、增加难度。

相比之下，良好的个性心理品质，如积极乐观的心态、广阔的思路、正确的思维方式、合理的自我评价和发展定位、对工作的热情、坚强的意志等，有助于推动教师积极地面对工作、投入工作，愿意并能积极地调动其知

> 固然，许多事物赖于学校一般规律，但是最重要的东西永远取决于跟学生面对面的教师个性，教师的个性对年轻心灵的影响所形成的那种教育力量，是靠教科书、靠道德说教、靠奖惩制度等无法取代的。
>
> ——［俄］乌申斯基

识、能力和师德，提高工作的状态和质量，进而彰显出良好的师德素养。实际上，那些热爱教育工作、热爱学生的老师，那些善于捕捉教育教学的最佳时机，并积极运用自己的智慧去应对教育活动中的各种矛盾、困惑和难题的教师，一般都具有较好的个性心理品质。

（2）良好的个性品质有助于增益师生关系，提升教师的道德影响力。

师生冲突是师生关系中的一种常见现象。导致师生冲突的原因很多，比如教师不正确的学生观、教师观，不得体的行为，学生的不良品质如对教师的不尊重等。在师生冲突事件中，教师消极、过激的情绪反应往往成为诱发师德失范的原因之一。2008年中国政法大学杨帆老师与学生因逃课而发生冲突的事件就是

> 在个体人格发展方面，教师的影响仅次于父母。一个孩子如果拥有甜蜜的家庭，父母的爱，又得到一个身心健康的教师的教诲，那是无比幸福的；相反如果他既不能由父母那边得到足够的关怀与爱护，而且又受到情绪不稳定教师的困扰，必将造成许多身心发展的问题。
>
> ——［美］索罗门

一个例子。生气、愤怒、怨恨等消极情绪容易诱发人失去冷静、客观的判断和思考，进而做出非理智的举动，导致不道德行为的出现。人们经常说遇事要冷静，所谓冷静，其实就是遇事时要学会控制慌张、焦急、恐惧、愤怒等消极情绪。因此，具备良好的个性心理品质，尤其是具有积极的情绪，对于发展师生关系、避免师生冲突是非常有益的。

避免师生冲突，只是良好个性心理品质在师生相处上的最基本意义。从更积极的层面看，良好的个性心理品质有助于增进师生间相处的氛围和质量，推动师生关系的发展。教师这一职业是紧紧围绕"人"展开的，与人相处是教师的基本工作方式、状态和内容，拥有较高的人际交往智能和人际吸引力自然非常重要。一个拥有良好个性心理品质的教师更具有人际吸引力，他会凭借自己的语言、性格、情绪、行为等感染学生，缩小师生间的心理距离，吸引学生走近教师，易于与学生建立和谐、相互理解、相互信任的师生关系。学生通常比较喜欢性格开朗、性情温和、兴趣广泛、幽默的老师的原因就在于此。

在推动良好师生关系的基础上，良好的个性心理品质还能放大教师道德人格的示范性，提升教师的道德影响力。一个具有良好师德并兼具良好个性品质的教师，其师德魅力不但会被放大，而且更容易被学生感知、信服、接受。因为这样的教师人格是真实的、生动的、温暖的、平易近人的。学生乐意认同、接受老师的教诲，更乐于接纳、效仿教师的行为举止。

（3）良好的个性品质有助于教师的积极自我提升。

在知识更新迅猛、教育变革加剧、教师专业化的时代浪潮中，教师的自我提升变得越发重要。"要给学生一碗水，教师自己要有一桶水"的观念已经过时。推动教师自觉进行自我提升的动力不是外在的体制要求，而是教师内在的自我发展需要。自我发展需要的激发与教师的道德素养、教育素养有关。一个热爱教育、热爱教师职业、热爱学生的老师一定会主动地寻求自我更新，一个拥有先进教育理念、广阔教育视野的教师一定会主动地进行自我超越。此外，自我提升的需要也离不开教师良好的个性心理品质。联合国世界卫生组织（WHO）曾对心理健康给出定义：心理健康不仅指没有心理疾病或变态，抑或是个体社会生活适应良好，还指人格的完善和心理潜能的充分发挥，亦即在一定的客观条件下将个人心境发挥到最佳状态。可见，具有良好的个性心理品质的人会有不断激发自己最大潜能的需要，这是一种如马斯洛所言的"自我实现的需要"。教师具备良好的个性心理品质，也就有了不断进取、积极发展、追求卓越自我的意愿和需要。

当然，在良好的个性心理品质之下，教师的积极投入状态以及良好的人际关系会增加教师对教育工作和职业生活的积极体验，获得喜悦感、充实感、归属感和价值感等。这是一种与教师个体的职业生活质量息息相关的体验，它也会给教师带来不断进取的动力、信心和激情，促使教师自我反思、自我提高。

> 教育者应当深刻了解正在成长的人的心灵，只有在自己整个教育生涯中不断地研究学生的心理，加深自己的心理学知识，才能够成为教育工作的真正的能手。
>
> ——［苏］苏霍姆林斯基

教师应具备的良好个性心理品质

健康的心理对一个人的生活和工作的作用显著。世界卫生组织早就提出了健康心理的七大标准：智能良好、善于协调与控制自己的情感、具备良好的意志品质、人际关系和谐、能动地适应和改造现实环境、要保证人格的完整和健康、心理年龄和生理年龄要适应。然而，目前不论是中小学教师还是高校教师，其在心理上都与健康心理的标准存在一定差距。教师出现的普遍心理问题，主要集中在认知方面如感觉迟钝、错觉、记忆衰退、思维迟钝、注意分散、范围狭窄等，情感方面如焦虑、易怒、情感淡漠、低落、脆弱等，人格方面如冲动、多疑、固执、嫉妒、强迫、退缩、孤僻离群以及社会适应不良、人际关系紧张等。

基于心理健康的标准和教师出现的心理问题，我们认为教师应该发展如下心理品质。

（1）良好的自我意识与职业认同。

一个人要对自己有合理的认识、定位和预期。对自我缺乏合理的认识和定位，要么导致缺乏自信，要么导致不良的自我加压。作为知识分子，高校教师往往对自己期待过高、加压过大，所以教师需要具有良好的自我意识。拥有良好的自我意识，意味教师了解自己的优势与不足，清楚自己的所需所好，能准确地定位自己，客观地评价自己，设定合理的发展目标并规划自我发展。

教师还要发展职业认同。所谓职业认同，简单而言指教师对职业价值、意义、职责等的认可和接受。拥有职业认同，教师才能对职业保持持久的热情，才能深刻领悟教育的责任并积极践行。职业认同既是一个师德问题，也是一个个性心理品质问题。就师德而言，职业认同体现了教师的职业归属感、使命感和责任感；就个性心理品质而言，职业认同体现了教师对职业的悦纳心理以及积极的情绪情感体验。良好的职业认同，包括教师理解并接受职业的性质、使命和意义等，具有明确的角色意识，重视自己的工作，积极地面对工作、投入工作，积极履行职责，对工作抱有美好的期待。

（2）积极稳定的情绪，平易近人。

消极的情绪是心理健康的大敌，也是人生发展中不可小觑的绊脚石。人们往往认为一个人的成熟就在于他有稳定的情绪，尤其能合理地调控不良情绪。教师的积极情绪表现为热爱工作、对自我的积极肯定、心胸开阔、乐观豁达、幽默；稳定的情绪表现为不易怒、不会因情景变化而出现情绪的大起大落、能调控突发的不良情绪。

学生具有"向师性"，这种"向师性"的发生在很大意义上取决于教师带给学生的心理感受——温和、和蔼可亲、平易近人。与这样的老师相处，学生能感受到被尊重、被真诚地对待、被信任。如果一个老师不苟言笑、整天板着面孔，即使他再有高超的教育艺术、较高的师德素养，也很难与学生建立深厚的情感，其人格魅力都将受到损害。

平易近人的老师，是有积极的情绪和情感的老师，是表里如一、言行举止得体的老师，是没有权势之气的老师，是讲求民主的老师，是既温和又不失严格的老师。

（3）和谐的人际关系。

人生活在关系中，拥有和谐的人际关系不仅是人生存和发展的重要内容之一，也是一个人心理健康的重要表现。和谐的人际关系能为人提供精神养料，满足人的安全需要、归属需要、尊重需要和爱的需要。拥有和谐的人际关系，对于教师而言更加重要。一方面，教师职业是一个必须与人打交道的职业，没有和谐的人际关系尤其是没有和谐的师生关系，教育工作根本无法有效开展；另一方面，与人建立和谐的关系尤其是与学生建立和谐的关系，是学生良好发展和教育效果的重要体现之一。

教师处于多重人际关系之中，对于高校教师而言，和谐的人际关系主要包括和谐的师生关系、同事关系，以及与学校领导的关系。总体而言，和谐的人际关系体现为相互之间友善相处、相互尊重、相互信任、相互帮助。具体而言，和谐的师生关系表现为尊重学生、平等相待、民主相处、关爱学生，和谐的同事关系表现为相互尊重、互助互学、团结合作、合理竞争，和谐的教师与学校领导的关系表现为相互尊重、相互理解与支持、积极配合。

（4）积极的反思意识。

近些年，职业倦怠成为教师心理健康中的一个重要话题。导致职业倦怠的因素很多，就教师个体而言，缺乏反思意识是一个重要因素。这是因为教师的工作带有一定的"重复性"，在长年累月的工作中，教师如果没有反思意识，就不能产生问题，就不会发现教育世界的别样之处，就无法对教育抱有好奇、希望，久而久之就会产生无趣、倦怠的感觉。反思意识的弱化更会影响教师创新意识和创新能力的发展。对高校教师而言，这对其工作和自身发展都是极为不利的。因此，积极的反思意识应该成为高校教师良好的个性心理品质之一。

积极的反思意识体现为教师对工作包括教学、科研抱有探索欲，在工作中善于捕捉问题，愿意思考问题，愿意与他人交流问题；能积极关注并捕捉专业领域的最新发展动态；能够主动地进行自我反思，审视自身的问题，积极寻求自我更新；有较高的学习兴致和热情，有较好的阅读习惯等。

（5）坚毅豁达。

教师的工作是艰巨、复杂而繁重的，不仅需要热情和兴趣，更需要坚定的信念和坚强的意志。只有意志坚定的教师，才敢于面对教育世界中的诸多挑战并迎难而上；也只有意志坚定的教师，才是有教育理想和追求的教师。

坚强的意志体现为教师有明确、合理的教育信念，有积极的职业追求，有坚定的教育目的；有不畏困难的勇气，有敢于接受挑战的胆量，有持之以恒的毅力；有较强的自制力，不论在职业发展的顺境还是逆境中，都能坚定不移地坚守自己的信念。

同时，不可否认，我国的教育还存在很多问题，教育工作中总有不顺心、不如意之处，这不论是来自学生、来自教育体制还是来自教师集体与自身。因此，教师应该有豁达之心，乐观地看待教育世界中的问题，不一味抱怨，也不置若罔闻。具体表现在教师能多角度地看待问题，对教育体制及其改革充满信心，对学生有包容之心和理解之心，对自己有宽慰之心和知足之心。

（6）主动适应教育变革的能力。

当今，大学教育改革的步伐正在加快，各种新的规定、举措要么不断出现，要么不断发生调整和改变。教育的变革性在加强，教师工作环境的不确定性也日渐凸显，这给教师带来了不同程度的不安和焦虑。这需要教师积极面对教育变革，提高时教育变革的适应能力，以在多变的教育环境中获得更好的发展。事实上，人与环境是相互作用的，一个心理健康的人一定是能积极应对多变的环境转换，而不是被动地受制于环境。

适应教育变革的能力，表现为教师对变革的教育环境抱有开放的心态，能客观地看待变革的举措，积极面对并勇敢接纳变革，而不是抱怨变革，惧怕、回避变革；能积极调整自己的行为方式，力求尽快适应教育环境的转变。

优化个性心理品质，推动师德发展

一项调查显示，近半数（44.2%）的高校教师认为自身心理压力大，认为处于亚健康状态的占 28.2%，认为心理健康状况堪忧的占 21.3%。[①] 优化心理品质，已经成为高校教师发展的一项重要内容。这不仅关系教师的心理健康，关系师德的发展，更关系到教师队伍的质量和高等教育的质量。

优化个性心理品质，主要在于教师个体的努力。但目前学校的教育体制以及社会不合理的期待，对教师心理品质的恶化也起到了推波助澜的作用。因此，需要教师个人、学校以及社会的三方努力，以切实确保教师形成良好的个性心理品质。

1. 教师个体积极进行心理维护与调适

（1）关注个性心理品质问题，主动塑造良好的个性心理品质。

在素养结构中，受传统观念和习惯思维的影响，教师通常更关注自己的学术专长、教育素养和师德素养，而往往忽视心理品质。甚至即便出现了问题，他们也习惯于将其隐藏起来，或者认为不是什么问题。发展良好的个

[①] 郝文斌，冯丹娃，冯智恩. 坚定立德树人的职业理想——高校教师思想道德和心理健康状况的调查与思考［N］. 光明日报 2013-02-05（15）.

性心理品质，教师首先应该克服轻视心理健康的陈旧观念，正确看待心理问题，既不能将其妖魔化，也不能无视它的影响。相反，教师应该认识到良好的个性心理品质对身心健康、师德发展以及对教育工作和职业生活质量的重要意义，认识到个性心理品质也是教师不可或缺的素养之一。

其次，教师应该了解良好个性心理品质的构成，有意识地反思并正视自己当前的个性品质，对于不足之处应该积极尝试改变，但不要因此而自卑、焦虑。

（2）积极与人交往，建立和谐的人际关系。

诚如前面提到过的，高校教师的工作带有较强的个体化，这也预示了一定的"封闭性"。因此，高校教师需要重视并积极主动与他人建立良好的人际关系。这主要涉及两个方面，一是与学生积极沟通，二是与同事积极交往。

教师应该利用一些途径积极与学生沟通，比如课堂中的互动活动，课间、平时作业的指导和反馈等。在沟通中，教师应该合理地定位自身的角色，不能过度渲染教师的权威，不能过于保持教训者的角色，应该充分尊重学生，平等、民主地对待学生，注意把握学生感兴趣的话题，注意倾听学生的观点，以及适当地表达自己的想法和观点。

教师还应该主动与同事沟通、交流，积极创造合作的机会。在与同事交往中，教师应该真诚、坦诚，不要以自我为中心，充分尊重同事的学术研究和观点，克服"文人相轻"的心态；积极互助，在沟通、讨论、合作中积极贡献自己的所知所能；积极合理地把握竞争与合作的尺度，不窃取同事的科研成果甚至诋毁同事。

（3）学会运用正确的思维方式看待问题。

对学术的热爱、崇敬以及探索精神，使高校教师成为更有思想和见地，更敏锐和严谨以及更执著的一个群体。这是非常值得人们敬仰、尊重的一面，但它也容易诱发高校教师出现固化、窄化、单一的思维方式，以及固执、犀利甚至偏激的认识和倔强、偏执的性格。恰如人们通常所说的，知识分子容易钻牛角尖。不能开放、变通地看待问题、处理问题，导致教师容易出现极度不满、苛刻、烦恼、郁闷、强迫等不良心理倾向。要保持身心健康，教师需要学会运用正确的思维方式看待问题、思考问题。

为此，教师需要具有积极的发展心态，学会乐观地看待、公正地评价社会发展中出现的一些问题，学会宽容地理解诸多不如意之处；学会多角度地看问题，尤其是学会转换视角分析问题；需要保持开放的学术视野，保持谦逊的学术态度，尊重他人的学术研究，诚恳地接纳他人的研究，尤其是可能与自己的学术观点不一致的观点；学会正确看待学术发展与个人名誉之间的关系，避免用虚荣心、"学术面子"制造学术霸权。此外，教师还需要经常与其他教师交流、沟通，保持开放的学习心态，防止思维走向"死胡同"。

（4）学会调控不良情绪。

不良情绪是教师工作的大敌，教师必须学会调控情绪。

情绪的产生是与认识的产生紧密联系的。没有对客观事物的认识，人就不能产生这样或那样的内心体验。对客观事物的认识，通常又与人的需要有关，亦即：情绪的产生是以客观事物能否满足人的需要为中介的。当客观事物不能满足人的需要或违背人的需要时，人就会产生消极否定的体验。因此，要调控不良情绪的发生，教师首先应该学会合理确立自己的需要，在个人层面树立正确的人生观、发展观、成功观；在教师层面，树立合理的学生观、教师观、教学观、评价观等。当不良情绪发生时，教师应该积极尝试改变对引起不良情绪的事物的看法，努力把注意力集中到事物的正面或光明的一面。

其次，教师应该学习、掌握一些调控不良情绪的方法。比如在不良情绪产生时，可以调动理智，帮助控制不良情绪的放大；可以通过适当的方式与途径将不良情绪宣泄出来，如倾诉、运动等；学会转移，把注意力从引起不良情绪反应的刺激情境转移到其他事物或活动上去等。

此外，教师要有合理的自我定位和评价。一些不良情绪甚至过激行为的出现，常常是因为人不能正确定位自己，给自我过高的期待和要求，进而无法合理地评价自己。在目前高压力的教育生存环境中，教师既不要过高要求自己，也不要对自己评价过低，既不要因为某些长处而自傲，也不要因为某些缺点或暂时的不良处境而自卑自责。正确地看待自己的能力和水平，合理地定位自己的发展，能使教师保持对生活、自我和工作的积极乐观心态。

（5）注意良好仪表的塑造。

仪表是以言语、表情、举止、态度等为表征的人的外在风貌。"它在社会交往中体现为一个人的德、才、体、貌等各种素质的综合表现或独特风貌。"[①] 良好的仪表修养，有助于教师保持良好的个性心理品质，因为个性心理品质是通过语言、举止显露出来的。比如当教师注意语言文明、注意言之有理时，不仅可以让人感觉到他的温和性情、平易近人，而且有助于避免不良情绪的出现。

与良好个性心理品质有关的仪表主要在言语、举止上。教师的语言应该是准确、文明的，语气应该是温和、有礼貌的，不能讲粗话脏话，更不能恶语伤人。教师的教态举止应该得体、稳重、优雅、自然，不能过度夸张，也不能矫揉造作。教师可以通过学习一些教师礼仪学的知识加强仪表修养。更重要的是，教师应该在日常教育教学过程中注意为人师表，严格要求自己，做到言语和举止的文明和得体。

---

① 赵宏义，于秀华. 新时期教师职业道德修养［M］. 长春：东北师范大学出版社，2005：247.

2.改进教师管理和评价制度，为教师创造良好的工作环境。

良好的个性心理品质，需要教师个体的努力，也需要良好环境的支撑。当今令教师倍感压力巨大的主要体制因素是学校不尽合理的教师管理制度与评价体制。改革教师管理和评价制度，将为教师良好个性心理品质的发展创造重要的环境条件。

在这方面，高校首先需要转变"管"的思路，切实从尊重教师、维护教师利益、推动教师发展的人本化角度，确立"服务"的理念和思路。为此，高校需要改革不利于教师工作和发展的制度，尤其是科研考核机制和职称评审制度；需要弱化行政干预，赋予教师更多的教育教学自主权，让教师享有更大的自主性；应该鼓励院系建立基层学术组织，加强教师之间的交流、沟通，为教师的专业发展搭建平台，增强教师的归属感、安全感，增强教师之间的凝聚力。

高校还要关注教师的心理健康问题，可以通过教师沙龙、座谈会等活动，定期了解教师的生存状况和心理状态，了解教师需要解决的主要问题。同时，应该有针对性地开展定期的心理辅导工作，通过讲座的形式为教师传授缓解压力、增进人际交往和沟通的技巧等内容。

3.社会支持系统的投入

从社会层面看，国家和社会应该制定相关政策提高教师的经济待遇，尤其帮助青年教师解决面临的生活压力问题，让教师在工作中无后顾之忧；健全现行教育法律法规，加大执法力度，充分保障高校教师研究高深学问、追求真理的专业自治权和学术自由权，切实维护教师的合法权益。

此外，国家、社会应转变对教师群体的不合理期待，客观、全面地评价教师工作的得与失，让公众认识到教师工作的特殊价值和复杂性，给予教师一定的理解和宽容，从而减轻教师过重的社会压力和心理负荷，争取为教师们创设一个宽容、和谐、向上的工作环境，使高校教师能大胆而充分地发挥自我，更好地服务社会。

拓展阅读

梁启超闻过则喜

梁启超一生勤奋，于学术研究涉猎广泛，在哲学、文学、史学、经学、法学、伦理学、宗教学等领域均有建树，各种著述达 1400 万字，三十多年里在政治活动占去大量时间的情况下，他每年平均写作达 39 万字之多。

1920 年以后梁启超退出了政治舞台，专心致力于学术研究，在社会科学的众多领域里，都取得了令人瞩目的成就。但他的老朋友周善培直言不讳地批评他："中国长久睡梦的人心被你一支笔惊醒了，这不待我来恭维你。但是，写文章有两个境界：第一步你已经做到了，第二步是能留人。司马迁死了快两千年了，至今《史记》里的许多文章还是百读不厌。你这几十年中，写了若干篇文章，你想想看，不说读百回不容易，就是使人能读两回三回的能有几篇文章？"

梁启超听了这么刺耳的话，并不生气，他虚心地向周善培请教："你说文章怎样才能留人呢？"周善培认真地回答："文章要留人，必须要言外有无穷之意，还丢不下，所以才不厌百回读。如果一篇文章把所有意思一口气说完了，自己的意思先穷了，谁还肯费力再去搜求，再去读第二回呢？文章开门见山不能动人，一开门就把所有的山全看完，里面没有丘壑，人自然一看之后就掉头而去，谁还入山去搜求山壑呢？"梁启超觉得周善培的话很有见地，于是连声称谢，表示虚心接受。从此他写文章更加下工夫，精益求精。

梁启超写文章喜欢大发议论，与人争鸣、论辩。周善培对他这样做学问赶热闹、随流俗的作风不以为然，提出批评："论你的文章，你的资格，应该站在提倡和创立的地位，要别人跟你跑才对，你却总是跟人家跑。不知足固然是美德，但你这种求足的方法成问题，天下学术无穷，你已年近六十了，哪一天才能达到你满足的愿望呢！"梁启超对这尖锐而又中肯的批评，欣然接受。从此，他在学术研究方面，更加注意轻重缓急，主次分明，取得了更高的成就。

（摘自《师德养成读本》，陈孔国主编，湖南大学出版社2010年版第178—179页）

* * *

教师应该具备的良好心理素质

A（appreciation）欣赏：欣赏身边的人和物，欣赏身边发生的事，特别是欣赏儿童；

B（bridge）桥梁：要成为儿童与成年人世界之间的桥梁，儿童通过你明白成人的世界，成人也因你而知道儿童的梦；

D（dedication）奉献：随时准备着把自己的时间、精神、能力、青春等等都投入到为儿童的服务中；

E（empathy）同理心：站在儿童的角度体验与分享儿童的情绪情感；

F（flexible）灵活：以多元性的工作策略和活跃的思维方式迎接儿童多样性的需要；

G（genuine）真诚：不要伪装和面具，不要道貌岸然的训诫，要以心换心；

H（humor）幽默：放下抓得牢固的尊严来轻松一下，以另类的方式表现智慧；

I（interest）兴趣：有广泛而独特的爱好，有血有肉，有生机；

J（journey）旅程：善于对自己的生活进行总结与回顾，才能带领儿童走向他的旅程；

K（kid）领袖：有坚定的原则和信念，有清晰的方向和使命；

M（model）榜样：青少年正处于寻找自我的时期，你的存在、关怀和启迪，将成为他们追求和模仿的典范；

N（no）不：知道什么时候该说不，知道自己不应该再前行时，能恰当地停下来；

O（optimistic）乐观：凡事向积极处想，即使黑云密布，仍相信风和日丽的日子不远了；

P（prudent）谨慎：深思熟虑，小心行事，不妄做判断；

Q（quit）放手：面对无法解决的问题，认识自己的局限，学会在适当的时候放手；

R（respect）尊重：尊重儿童以不同速度、不同形式的成长；

S（sensitive）敏感：以专业的洞察力及时发现别人所无动于衷的问题；

T（trustworthy）值得信赖：专业的背景和亲和的个性，让人感到可靠与称意；

U（understanding）理解：在深入地明白自己的基础上，深入地明白他人；

V（vision）视野：看得远，看得阔，看得精；

W（warm-hearted）热情：温暖青少年戒备的心，用光亮去照耀他们的成长之路；

X（x-factor）未知数：工作与生活中可能有很多未解的谜，与儿童去共同寻找答案；

Y（yes）是：适当的肯定，对儿童对自己都是负责；

Z（zero）从零开始：逆境中有勇气重新来过，输得起才能赢。

（资料来源于网络）

阅读推荐

专题一：

1. ［英］伯兰特·罗素.走向幸福［M］.陈德民，罗汉，译.上海：上海人民出版社，1988.

2. 陈瑛.人生幸福论［M］.北京：中国青年出版社，1999.

3. ［美］肯·贝恩.如何成为卓越的大学教师［M］.明廷雄，彭汉良，译.北京：北京大学出版社，2014.

4. ［美］罗伯特·博伊斯.给大学新教员的建议［M］.徐弢，李思凡，译.北京：北京大学出版社，2007.

5. 刘次林.教育幸福论［M］.南京：南京师范大学出版社，1999.

6. 檀传宝.教师伦理学专题——教育伦理范畴研究［M］.北京：北京师范大学出版社，2010.

7. 朱永新.享受与幸福：教育随笔选：卷九［M］.北京：人民教育出版社，2004.

8. 郑雪，严标宾，邱林，等.幸福心理学［M］.广州：暨南大学出版社，2004.

专题二

1. 贾馥茗.教育的本质——什么是真正的教育［M］.北京：世界图书出版公司，2006.

2.［加］伊丽莎白·坎普贝尔.伦理型教师［M］.王凯，杜芳芳，译.上海：华东师范大学出版社，2011.

3.［德］雅斯贝尔斯.什么是教育［M］.邹进，译.北京：生活·读书·新知三联书店，1991.

4.瞿保奎.教育学文集：教师［C］.北京：人民教育出版社，1991.

5.李春秋.教育伦理学概论［M］.北京：北京师范大学出版社，1993.

6.檀传宝.教师伦理学专题——教育伦理范畴研究［M］.北京：北京师范大学出版社，2010.

专题三

1.［美］肯尼思·A·斯特赖克，［美］乔纳斯·F·索尔蒂斯等.教学伦理［M］.洪成文，张娜，黄欣，译.北京：教育科学出版社，2007.

2.［苏］赞可夫.和教师的谈话［M］.杜殿坤，译.北京：教育科学出版社，1980.

3.［美］康斯坦斯·库克.提升大学教学能力［M］.陈劲，郑尧丽，译.杭州：浙江大学出版社，2011.

4.［加］马克斯·范梅南.教学机智——教育智慧的意蕴［M］.李树英，译.北京：教育科学出版社，2001.

5.［美］戴维.课堂管理技巧［M］.李彦，译.上海：华东师范大学出版社，2002.

6.［美］詹姆斯·M·朗.开启教学生涯：大学新教师的关键 15 周［M］.胡公博，黄南芳，倪菲菲，译.广州：华南理工大学出版社，2014.

7.［澳］埃恩·海.教学的智慧：来自世界最好的大学教师的经验［M］.邢磊，译.上海：华东师范大学出版社，2014.

专题四

1.［美］肯尼亚·斯特赖克，［美］帕梅拉·莫斯.伦理学与大学生生活的案例研究（第 3 版）［M］.鞠玉翠，等译.北京：北京大学出版社，2012.

2.［美］肯尼思·A·斯特赖克，［加］基兰·伊根.伦理学与教育政策［M］.刘世清，李云星，等译.北京：北京大学出版社，2013.

3. James M. Banner, Jr. Harold C. Cannon. 现代教师与学生必备素质［M］.陈廷榔，等译.北京：中国轻工业出版社，2000.

4.刘建华.师生交往论——交往视野中的现代师生关系研究［M］.北京：北京师范大学出版社，2011.

5.［苏］Ｂ·Ａ·苏霍姆林斯基.给教师的建议［M］.杜殿坤，编译.北京：教育科学出版社，1980.

6.［美］朱迪斯·Ａ·迪尔奥.师生沟通的技巧［M］.潘琳，译.北京：北京师范大学出版社，2006.

专题五

1.［英］罗伯特·G·伯吉斯.教育研究伦理学［C］.卜玉华，李云星，等译.北京：北京大学出版社，2013.

2.［美］爱德华·希尔斯.教师的道与德［M］.徐弢，李思凡，姚丹，译.北京：北京大学出版社，2010.

3.［英］马丁·丹斯考姆.做好社会研究的 10 个关键［M］.杨子江，译.北京：北京大学出版社，2007.

4. 王恩华.大学学术失范与学术规范［M］.长沙：湖南师范大学出版社，2010.

5. 江新华.学术何以失范：大学学术道德失范的制度分析［M］.北京：社会科学文献出版社，2005.

6. 教育部社会科学委员会学风建设委员会.高校人文社会科学学术规范指南［M］.北京：高等教育出版社，2009.

7. 编委会.高校学风与学术规范建设及学术不端行为防范惩处指导手册［M］.北京：华夏教育出版社，2009.

8. 教育部社会科学委员会学风建设委员会.高等学校科学技术学术规范指南［M］.北京：中国人民大学出版社，2010.

9. 教育部社会科学委员会.高等学校人文社会科学研究学术规范（试行）［I］.

10. 教育部社会科学委员会.高等学校哲学社会科学研究学术规范（试行）［I］.

专题六

1.［美］亚伯拉罕·弗莱克斯纳.现代大学论——美英德大学研究［M］.徐辉，陈晓飞，译.杭州：浙江教育出版社，2001.

2.［美］约翰·S·布鲁贝克.高等教育哲学［M］.王承绪，郑继伟，张维平，等译.杭州：浙江教育出版社，2001.

3.［美］德里克·博克.走出象牙塔［M］.徐小洲，陈军，译.杭州：浙江教育出版社，2001.

4.安云凤，吴来苏.高校师德教育与修养［M］.北京：首都师范大学出版社，2008.

5.钱焕琦.高等学校教师职业道德概论［M］.南京：南京师范大学出版社，河海大学出版社，2006.

6.赵哲，姜华，杨慧，等.责任与使命：大学服务社会的历史渊源与现实诉求［J］.现代教育管理，2011（5）.

7.徐岚，卢乃桂.研究型大学教师服务责任观的研究型大学教师服务责任观的建构［J］.高等教育研究，2012（3）.

专题七

1.杨春茂.教师心理健康教育培训教材——师德修养与教师心理健康［M］.北京：首都师范大学出版社，2014.

2.雷玲.优秀教师的8种心理素质［M］.上海：华东师范大学出版社，2013.

3.姚本先.教师心理与健康［M］.北京：北京师范大学出版社，2013.

4.李慧生.教师心理健康六项修炼［M］.重庆：西南师范大学出版社，2010.